雪球哲学

投资者的智慧高地

谭丰华◎著

中华工商联合出版社

图书在版编目（CIP）数据

雪球哲学：投资者的智慧高地 / 谭丰华著. -- 北京：中华工商联合出版社，2023.3
ISBN 978-7-5158-3596-9

Ⅰ.①雪… Ⅱ.①谭… Ⅲ.①金融投资 Ⅳ.
① F830.59

中国国家版本馆 CIP 数据核字（2023）第 022425 号

雪球哲学：投资者的智慧高地

作　　　者：	谭丰华
出 品 人：	刘　刚
责任编辑：	吴建新　林　立
装帧设计：	张合涛
责任审读：	付德华
责任印制：	迈致红
出版发行：	中华工商联合出版社有限责任公司
印　　刷：	北京毅峰迅捷印刷有限公司
版　　次：	2023 年 4 月第 1 版
印　　次：	2023 年 4 月第 1 次印刷
开　　本：	710mm×1000 mm　1/16
字　　数：	189 千字
印　　张：	14.25
书　　号：	ISBN 978-7-5158-3596-9
定　　价：	49.90 元

服务热线：010-58301130-0（前台）
销售热线：010-58302977（网店部）
　　　　　010-58302166（门店部）
　　　　　010-58302837（馆配部、新媒体部）　　工商联版图书
　　　　　010-58302813（团购部）　　　　　　　版权所有　盗版必究
地址邮编：北京市西城区西环广场 A 座
　　　　　19-20 层，100044　　　　　　　　　凡本社图书出现印装质量问题，
　　　　　www.chgslcbs.cn　　　　　　　　　　请与印务部联系。
投稿热线：010-58302907（总编室）　　　　　　联系电话：010-58302915
投稿邮箱：1621239583@qq.com

序

  2022年6月14日，92岁的沃伦·巴菲特宣布，向比尔和梅琳达·盖茨基金会信托和其他四家家族慈善机构捐赠约40亿美元（约合人民币269.6亿元）。自2006年以来，巴菲特已经捐出了他持有的超过一半的伯克希尔股票，按照捐款时的价值计算，这些股票总额约455亿美元。在这些捐款之后，巴菲特仍然持有伯克希尔·哈撒韦约16%的股份，并掌握着公司约1/3的投票权。目前，巴菲特已经将伯克希尔打造成了一个价值超过6000亿美元的企业集团，拥有包括保险在内的数十项业务，同时还重仓持有苹果、美国银行、美国运通、可口可乐、比亚迪等巨头公司的股票。根据2022年9月的数据，巴菲特个人身家达到970亿美元，是世界上最富有的几个人之一。

  遥想1964年，巴菲特34岁，个人资产才只有区区400万美元。58年时间，他的财富增长了24000多倍，这还是捐赠了超过一半财富之后的数据，无疑是历史上最优秀的投资收益水平之一。巴菲特凭什么建立起这样一个财富帝国？回顾巴菲特积累财富的过程，最重要的一个特征就是——滚雪球。无论是成立合伙基金，收购伯克希尔·哈撒韦并将其打造成为一个庞大的投资帝国，还是长期重仓持有世界上最优秀的公司并且从这些公司的发展过程中赚取巨额收益，都充分彰显了巴菲特作为这个世界上最伟大投资家的卓越智慧，这个智慧的核心就是财富滚雪球，也就是利用复利的惊人力量，坚持长期资金投资和价值投资，分享经济发展和企业进步带来的巨大收益。巴菲特打造的伯克希尔投资体系是目前世界上最稳健、最成功的投资体系，他的那句"人生就像滚雪球，最重要之事是发现湿湿的雪和长长的山坡"被无数投资者奉为圭臬，他的雪球哲学已然成为人类投资史上的光辉篇章。

作为普通投资者，我们的资金和投资智慧，是难以与巴菲特相媲美的。但是，这不足以成为我们进行"无脑式投资"的理由。我们经常可以见识到或者亲自体会到以下这些怪现状：

1. 我们在买菜的时候会锱铢必较地讨价还价，但是在买股票的时候为什么却不假思索地迅速下手呢？

2. 我们买入股票是因为它很便宜，有投资价值，但为何当这个股票很贵的时候却不愿意卖出呢？

3. 我们在昨天买入股票，为何今天一早稍微上涨就卖出，甚至跌了也会卖出呢？

4. 我们愿意听信一个二手、三手甚至几十手的消息就匆忙买入股票，却不愿意要求自己对投资对象做任何调研和思考呢？

5. 我们根据各种消息、图形曲线、量价时空判断股票买点和卖点，居然盈利不少，但为何又很快就亏回去了呢？

6. 我们为何能够秉持价值投资的理念买入股票，却用趋势投资的方式卖出股票？

7. 我们坚定地看好某些股票，但为何在它一开始下跌的时候就恐慌性卖出？

以上只是几个小例子，却是散户们最常见的操作。股市中有个说法——七亏二平一赚，是指在股市中，七成投资者是亏损的，二成投资者是盈亏持平的，只有剩下的一成投资者是盈利的，这是有统计数据支撑的，足以说明大量的普通投资者还没有真正认识股市，更没有能力驾驭股市，离财富滚雪球还有相当长的距离，更说明中国的普通投资者还处于投资哲学的启蒙阶段。

普通投资者能不能学会巴菲特的雪球哲学呢？需要指出的是，巴菲特的

| 序 |

成功有其独特性——高超的个人智慧和胆识，所处的美国经济高速增长的历史时期，独特的制度和社会环境，这些原因使得巴菲特获得了巨大成功。普通投资者难以复制伯克希尔的辉煌，但是巴菲特所传承和创新发展的价值投资方法，是最直接、最简单、最有效的投资方法，是全世界的投资者，无论是否有高学历、是否足够聪明，无论拥有多少资本，都很容易学懂弄通、学以致用的方法。投资是有风险的，但是巴菲特提供了一个大概率成功的方案。从这个意义上来说，巴菲特的雪球哲学为全世界的投资者提供了一盏不灭的明灯。

要学会巴菲特的雪球哲学，最重要的是理解雪球哲学的三大支柱，它们分别是复利原理、长期主义和价值投资。

雪球哲学的第一大支柱是复利原理。复利原理是世界运行的底层逻辑，是事物增长的根本方法和路径，是一种螺旋式上涨的推动力量。复利的力量是惊人的，投资者一旦建立起一个复利进程，财富创造和积累就将以越来越快的速度增长。复利的本质在于在一个正确的方向上坚持，关键点有两个，一个是正确的方向，一个是坚持。以巴菲特为代表的价值投资者，在这两点上为世人提供了光辉的典范。

雪球哲学的第二大支柱是长期主义。近年来，"长期主义"一词大热，无论是个人成长还是投资理财，许多人言必称"长期主义"，但他们并没有准确把握长期主义的内涵，以为长期持有、永远持有就是长期主义。实际上，在雪球哲学中，在巴菲特长期重仓持有优秀企业股票的成功实践中，长期主义是一个辩证的概念，长期是有前提的，长期是有标准的，长期也是有限期的，长期也是不能离开短期的。只有准确理解长期主义，才有最大可能性地实现财富滚雪球。

雪球哲学的第三大支柱是价值投资。虽然巴菲特并不认同价值投资这个概念，但毫无疑问，从格雷厄姆、费雪、芒格到巴菲特，价值投资的理念和方法一脉相承，不断发扬光大，成了一种具有世界影响力的投资理念和模式。

但是，很多人并不了解价值投资，也不接受价值投资，在投资的征途中舍本逐末，缘木求鱼，从消息、资金、图形、价格、趋势等非价值角度进行投资，由于盈亏同源，最终鲜有大成者，绝大部分成为"韭菜"。另外，很多号称坚持价值投资的投资者并不能称之为真正的价值投资者，最多算是"伪价投"。认识并拥抱真正的价值投资，会为投资者打开一条通往财富滚雪球的康庄大道。

真正弄懂和夯实雪球哲学的三大支柱，并在实践中坚持历练，普通人也一定能够成为一个成熟的乃至成功的投资者。

不仅如此，以上三大支柱不啻为投资者实现财富滚雪球的三大法宝，更是非常有益的人生指南。巴菲特说："我有60年都是跳着踢踏舞去工作的。"这句话蕴含着人生的大智慧、大战略、大艺术，具有深刻的哲理。真正弄懂雪球哲学，于人，于己，于投资，于人生，于社会，都是善莫大焉。

本书作者长期从事一级、二级市场研究和投资，在《经济日报》《上海证券报》《证券时报》《财经》等主流媒体发表大量财经研究及评论文章，多年来为政府、高校、银行、房地产企业等机构进行宏观经济、资本市场、资产配置等相关主题授课，对于投资理论方法进行了深入研究，拥有独到观点。这些研究和观点将集中呈现在本书中。

本书围绕"雪球哲学"这一最重要、最根本的投资命题，通过"雪球世界""复利原理""长期主义""价值投资""雪球方法""雪球实战"六大部分，有理念阐述，有逻辑分析，有方法解码，有历史回顾，有案例解释，深入浅出，通俗易懂，希望能为普通投资者树立正确的投资理念、掌握可行的交易方法提供一整套解决方案，为投资者财富滚雪球打开思想格局、提供有益助力。

当然，由于作者能力所限，书中难以避免出现错漏，诚挚欢迎读者朋友批评指正。

目 录

第一章 雪球世界 ··· 001
第一节 雪球故事：累进创造奇迹 ··· 003
第二节 雪球世界：雪球无处不在 ··· 009
第三节 雪球哲学：三个底层逻辑 ··· 015

第二章 复利原理 ··· 027
第一节 复利效应 ··· 029
第二节 五种复利 ··· 039
第三节 负复利 ··· 047
第四节 复利模型 ··· 051

第三章 长期主义 ··· 055
第一节 真正的长期主义 ··· 057
第二节 长期主义的陷阱 ··· 075
第三节 长期主义的方法 ··· 092

第四章 价值投资 ··· 105
第一节 价值投资的真身 ··· 107
第二节 价值投资的误区 ··· 139

第三节　价值投资的方法 ·············· 149

第五章　雪球方法 ························ 161
　　第一节　找到山峰：雪球的势能 ·········· 163
　　第二节　找到湿雪：雪球的标的 ·········· 173
　　第三节　找到长坡：雪球的时限 ·········· 188

第六章　雪球实战 ························ 201
　　第一节　巴菲特投资可口可乐：长坡上的厚雪 ·········· 203
　　第二节　段永平投资网易：投资就是买好公司 ·········· 208
　　第三节　但斌投资贵州茅台：坚定持有的背后 ·········· 213

跋 ······································ 219

第一章
雪球世界

人生就像滚雪球,最重要之事是发现湿湿的雪和长长的山坡。

——沃伦·巴菲特

第一节 雪球故事：累进创造奇迹

阿尔卑斯山脉的一座山峰上，大雪初晴，阳光洒落，反射出耀眼的光芒，蓝天、阳光与白雪交相辉映，构成了一幅清澈、空灵的美丽图景。然而，这并不是"千山鸟飞绝、万径人踪灭"的死寂的世界。

在山顶的一块岩石旁边，一只雪豹出现了。它叫莱帕德，大约五岁，身材矫健，全身整体呈灰白色，布满黑色斑点和黑环。如果不仔细看，你很难发现它，因为它的毛色跟岩石很相近——这是它的保护色。雪豹，是可爱的旷野精灵，是呆萌的毛绒大猫，也是威严的高山之王。

莱帕德骄傲地站立在大山之巅，它的脚下是一片又宽阔又深长的山坡，而远方则是千里冰封，万山竦峙，无限风光尽收眼底，这种睥睨千里的感觉让它无比兴奋。

它在雪地上欢快地蹦跳起来，厚厚的雪花在它的脚趾和厚厚的掌垫之间飞舞又落下，它的四肢着地时又落在上面，竟然在无意中将雪花揉挤成了一团。莱帕德看着脚下这团雪球，顿时来了兴趣。它用四肢往雪球上蹭来更多的雪，再在上面压上几脚，接着用前肢踢着它，在平地上滚了好几圈。它兴奋地发现，雪球越滚越大，已经跟身边的一块石头一样大了。它爱上了这个游戏——垒雪球游戏，满足了它的创造欲望，以及改变眼前这个世界的雄心壮志。

莱帕德来回地滚动着这个雪球，雪球越来越大，但是，在某个瞬间，它的脚向前推的动作稍稍大了一点，雪球离开了四肢的掌控范围，往平地的边缘滚了出去，眼看就要向深深的山坡下滑去。它愣了一下，冲了过去想救回它的"玩具"，但为时已晚，这个雪球一直往山下滚。

莱帕德在山顶上，眼睁睁地看着雪球沿着湿湿的雪坡向下滚去，速度变得越来越快，体积变得越来越大，迅速向山底冲去。

莱帕德的一个同伴安希尔正在山脚下，它看着这个雪球越滚越大，甚至遮挡住了天空中的一片阳光。这个庞然大物——而且还在迅速变大——毫不留情地向它袭来。它开始害怕了，逃命要紧，它赶紧撒开腿向对面的山坡冲上去。

这个雪球落到了山脚下，狠狠地砸在雪地上，发出了闷闷的轰鸣。但是，由于这个雪球在滚落过程中变得又大又硬，砸到地面时，除了边上的一些雪屑飞出，整个大雪球几乎完好无损。

山上的莱帕德和山下的安希尔都被这个雪球惊呆了。它们没有想到，在大自然中，在它们司空见惯的世界中，竟然会出现这么奇妙的景象，会爆发出如此强大的力量。

这种力量，就是沃伦·巴菲特所说的"滚雪球"。

巴菲特九岁那年的冬天，他和妹妹伯蒂在院子里玩雪。

巴菲特用手接着雪花，一开始是一次一捧。接着，他把这少量的积雪铲到一块儿，捧起来揉成一个雪球。雪球变大之后，巴菲特让它在雪地上慢慢滚动。每推动一次雪球，雪球就会沾上更多的雪。他推着雪球滚过草坪，雪球越来越大。

他把目光投向了更大的世界，而"滚雪球"也成了他一生的追求。

他说："人生就像滚雪球，最重要之事是发现湿湿的雪和长长的山坡。""湿湿的雪"意味着正增长、复利式积累的利润，而"长长的坡"意味着足够长的时间能够使得雪球越滚越大。雪球，不可能一开始就很大，只有当它不断在长坡上滚动，粘上的湿雪更多，才会越滚越大。

这句有着丰富隐喻的话，被全世界投资人奉为圭臬。它彰显着一个能够实现加速成长、复利增值的经典哲学：雪球哲学。

巴菲特本身就是复利增长的神话。

我们来看看巴菲特历年的财富：

1964年，34岁，个人资产达到400万美元；

1965年，35岁，个人资产达到680万美元；

1969年，39岁，身价为2500万美元；

1973年，43岁，身价为3400万美元；

1974年，44岁，身价为1900万美元（1973—1974年遭遇股市危机，身价缩水）；

1980年，50岁，身价破亿，达到6.2亿美元；

1986年，56岁，成功跻身"十亿富翁"俱乐部；

1996年，66岁，身价达到165亿美元；

2017年，87岁，身价达到670亿；

2021年，91岁，身价达到1020亿美元（捐款后）。

巴菲特在50岁时财富只有6.2亿美元，而到了2021年达到1020亿美元，可见其99%以上的财富都是在50岁以后赚到的。这个过程就是财富滚雪球的过程。

巴菲特祖籍在法国，他的祖爷爷把家从法国搬到了美国。巴菲特的父亲是一个证券投资人，巴菲特从事投资工作跟父亲的引领有很大关系。

巴菲特五岁时就对做买卖有兴趣，曾在家门口卖口香糖。六岁时批发销售可口可乐。八岁时，他的父亲专门带他去纽约华尔街证券交易所，他看到有人抽非常高档的烟，就对当时的投资环境产生了兴趣。

11岁这年，存够120美元的巴菲特，用114.75美元为自己和姐姐购买了城市服务公司的三股优先股。可那年6月，市场低迷。城市服务公司的优先股股价从38.25美元/股跳水到27美元/股。巴菲特回忆说，那时候在上学的路上，姐姐每天都"提醒"他，他买的股票正在下跌。

这种压力迫使巴菲特在股价刚刚回升的时候，就以40美元/股将手上的股票悉数卖出。

不过，让巴菲特特别沮丧的是，城市服务公司的股价很快就涨到了202美元/股。这让他十分懊悔，也让他汲取了一生受用的两个教训。

第一个教训是，不要过分关注股票的回本价格，也不要不动大脑地急于抓到蝇头小利。真正的财富，永远会青睐有耐心的人。

第二个教训是，如果投资状况不妙，那么就会有人不停地提醒他，让他烦恼不安。因此，要学会坚守内心，更关注自我评价，而不是随波逐流。

当巴菲特还在露丝黑尔学校读书的时候，就发表了一个名为"马童选集"的报告，告诉人们在赛马中如何设置障碍以及如何下注。他在父母居所的地下室里完成了这本小册子的印刷工作，然后以每本25美分的价格出售。他还和一个朋友运用数学原理，开发出一套在赛马中挑选谁是赢家的系统。

13岁的时候，巴菲特就开始送报纸，每天送500份。到14岁的时候，他就买了一个属于自己的农场。后来巴菲特买了一个类似于娃娃机的机器放在理发店，和理发店老板一起分红，大人们理发时，小朋友就可以自己在一旁玩耍，那时候，巴菲特就有了自己的稳定收入。

1947年，巴菲特高中毕业时，就已经积攒了一笔大约6000美元的财富，其中大部分来源于他的投递报纸所得（他大约送了60万份报纸）。

此后，巴菲特就读于宾夕法尼亚大学沃顿商学院学习商务。经过两年的学习，他进入了内布拉斯加大学。19岁毕业，获得工商管理学学士学位。他选择继续深造，进入了哥伦比亚大学。在那里，他遇到了本杰明·格雷厄姆，他人生中最重要的老师。

1951年，巴菲特从哥伦比亚大学获得经济学理学硕士学位。后来，他成为巴菲特合伙公司的证券分析师和合伙人。到1970年，他成为伯克希尔·哈撒韦公司的董事长兼首席执行官，至今仍控制着这家公司。

长期投资让巴菲特积累了巨额财富。截至2022年3月26日，巴菲特的净资产约为1297亿美元（约合人民币8256亿元），在全球财富排行榜上，仅次于特斯拉CEO埃隆·马斯克、亚马逊创始人杰夫·贝索斯、法国时尚大亨伯纳德·阿尔诺和微软联合创始人比尔·盖茨，位列第五。

根据巴菲特旗下伯克希尔·哈撒韦公司的年度报告，其股价自1965—2021年的年复合收益率为20.1%，大幅跑赢同期标普500指数10.5%的涨幅。作为当代伟大的价值投资者及伯克希尔·哈撒韦的掌舵人，巴菲特实现了长达57年、年复合收益超20%的傲人成绩。

这个收益来自"滚雪球"。巴菲特长期重仓持有他心目中的优质股票，然后坐等"雪球"越滚越大，最终享受到公司分红和股价上涨带来的巨大收益。

我们来看看他是如何长期重仓持有优质股票的。

截至2021年年底，伯克希尔·哈撒韦的前十大持仓股为：苹果（市值1611.55亿美元）、美国银行（市值459.52亿美元）、美国运通（市值248.04亿美元）、可口可乐（市值236.84亿美元）、穆迪（市值96.36亿美元）、威瑞森（市值82.53亿美元）、美国合众银行（市值80.58亿美元）、比亚迪（市值76.93亿美元）、雪佛龙（市值44.88亿美元）、纽约梅隆银行（市值38.82亿美元）。其中，长期重仓持有的股票不在少数，仅举不同时间段的几个例子。

1988年，巴菲特以10.2亿美元重仓买入了可口可乐股票，占伯克希尔投资组合的1/3，惊呆了整条华尔街。此后两次增持可口可乐，截至2021年12月5日，共收到股息（不算股息税）92.49亿美元，持股市值214.16亿美元，加上股息再投资收益，巴菲特在可口可乐上的投资年收益率达到15%。

1994年，巴菲特投资美国运通股票，总计投入13亿美元，并且自1998年以来就从未调整过仓位，截至2021年，他仅在美国运通上的总收益近250亿美元。

2016年，巴菲特买入苹果公司股票，当年投入67.47亿美元，持有苹果约1.1%的股份，年底市值约70.93亿美元。截至2021年9月披露的数据，巴菲特持有苹果股票约8.87亿股，持仓市值约1255亿美元，仅仅在苹果股票上总收益就超过1000亿美元。

巴菲特曾经说过："如果你不愿意持有一个股票10年，那么你连10分钟都不要持有。"他用自己的行动证明了，长期持有一个优秀公司的股票，与这些优秀公司共同成长，分享成长的成果，享受成长的复利，这是一个合格投资者应有的正确姿势。

这种"雪球哲学"深深影响了一代又一代的投资者。

耶鲁大学终身教授、著名经济学家陈志武讲过这样一个让他震惊的故事。

2019年，陈志武的一位姓孙的学生告诉他，自己的妹妹把100万股亚马逊股票卖了，套现近18亿美元。目前，他的妹妹苦于手头现金太多。

这位小孙来自中国台湾地区，他的父母拥有不少土地。在二十世纪八九十年代经济腾飞的时代发展中，他的父母赚了很多钱。于是，他的父母分给每个子女几百万美元，每个人都可以自由支配自己的小金库。

拿到这笔钱之后，他的妹妹因之前特别看好已经上市但连年亏损的亚马逊，于是，以每股4～5美元购买了100万股亚马逊股票。她坚定看好亚马逊作为世界电商龙头的未来，即使经历了2001年互联网泡沫破裂、2008年金融危机等股市浪潮，她也一直坚决持有亚马逊股票，就像忘记了这笔投资。

时间到了2019年，中美之间出现贸易摩擦，美国联邦调查局等部门的工作人员因为小孙妹妹的华人姓氏找她谈话，他们问："这么多年，你一直持有亚马逊股票，是出于什么目的，你有何动机？"谈了两次话后，她决定清仓亚马逊股票以结束烦扰。

此时，亚马逊的股价已达1800美元。而她的财富在20多年间，增长了300多倍，平均每年增长10多倍，这无论放在历史上任何一个时期，都是一个惊人的投资业绩。

有人会说，这是偶然事件，而且把所有鸡蛋放在一个篮子里，风险过于集中，不值得拿来做样本。但不可否认的是，这件事说明了一个道理：长线持有有潜力的资产，让其慢慢升值，通过发挥复利机制的作用，就有可能创造财富的奇迹。而如果要赚快钱，很可能在一开始就不会投资亚马逊，更不必说熬过漫长的持有岁月，根本无法成功等到面纱被揭开的那一天。

其实，投资者通过滚雪球成就大事业的故事，还有很多。

1988年12月28日，万科成立后一个月，开始向社会公众发行2800万股新股，每股一元，但当时，人们对于虚拟的股票和万科搞的股份制改造是持有怀疑和抵触态度的。

为推销股票，王石亲自带队上街，到深圳的闹市区、菜市场甚至大杂货小摊上卖股票。此时，刘元生出于兄弟义气慷慨解囊，投资360万元购买了万科原始股票360万股。

万科A股正式上市之后股价大幅上涨，许多人卖掉股票套现，不过在刘元生看来，通过万科IPO上市捞一把不是目的，他不想赚快钱，所以基本上就没动。随着万科A不断送配股，加上后来继续增持，刘元生持有的万科A股逐年增加。

然而到了2008年，牛市泡沫破裂，房地产股是重灾区，刘元生在2008年年底的持股市值与2007年的峰值相比，已缩水近70%，被称为"最牛散户缩水第一人"。但刘元生依然坚定持有，还增持了万科177.41万股，截至2016年万科A停牌时，其万科股票价值至少为44亿元，比买入时赚了1000多倍。这个投资业绩同样惊人。

这两个案例也许能引发我们的深思：是一夜暴富，还是日积月累？

亚马逊创始人兼CEO杰夫·贝佐斯问沃伦·巴菲特："你的投资体系这么简单，为什么别人不做和你一样的事情？"

巴菲特回答："因为没有人愿意慢慢变富。"

这句投资箴言，揭示了这样一个哲理：慢就是快。

第二节　雪球世界：雪球无处不在

让我们把目光从股票市场转向更为广阔的世界。

我们的朋友何予默同学从某工科院校研究生毕业后，来到某制造业企业就职。虽然他在学校期间是个学霸，学了很多知识，但这些知识在工作中的作用不大。他像所有毕业生一样，几乎从零开始奋斗。

好在何予默勤奋好学，积极向同事和上司认真求教，从工具操作、工艺流程开始，一步一步提升能力、积累经验，业务水平越来越高。

但在这个过程中，何予默遇到了很多压力和困扰，足以让他打起退堂鼓。因为某个工艺存在难以发现的漏洞，他主导的新产品研发迟迟没有取得突破，在巨大的市场竞争压力下，他一度产生了离开企业的念头。事实上，他的很多同学和同事开始跳槽，去向都是高收入、高大上的金融企业、投资公司，而他所在的制造业企业则显得看不到希望，这些都给他的心绪和信念带来了很大挑战。

何予默同学经过激烈的思想斗争，认为自己所学的专业知识不能白白浪费，自己在企业积累的经验也不能浪费，不能因为一时冲动就进入一个新领域。于是他做了一个艰难的决定，那就是——咬牙坚持下来。他秉持"日新"理念，以工匠精神不断探索和积累，努力做到每天、每月、每年都能取得令自己满意的进步。

功夫不负有心人，何予默同学入职该企业10年后，已成为这个行业的一流专家，掌握的行业资源也越来越多，行业的话语权也直线提升。在加入企业第12年后，被大股东引为合伙人，这时他所创造的价值和财富已经远远超出原先离开这个行业的同学和同事了。

何予默同学的例子说明，个人成长为专家的道路符合复利增长曲线，这是一个专业知识不断增长、拓展和深化的过程，也是个人能力在原有基础上以更快的速度迭代升级的过程，是一次完美的"滚雪球"。

在我们身边，无论是阅读、健身或者学习某一个知识，只要是积累型的操作，都会形成滚雪球一般的力量，推动实现个人的蜕变。

扩而广之，我们周遭的世界也隐藏着一种深层次的规律，那就是通过累进效应更容易实现巨变，即滚雪球。

这个世界，本质上是一个"雪球世界"。

一、知识雪球

一个人坚持在特定专业领域进行知识学习和积累，持续进步，随着知识面的扩展、知识量的提升、新旧知识的迭代，知识的深度、广度、延展度将在累进效应的作用下得到大大加强，可以预见，他将很快成为这个领域的专家。

例如屠呦呦、袁隆平、钟南山这样的一流科学家，都是从零开始，在各自领域内经过数十年的长期积累和深耕而有所成就的。

二、能力雪球

一个人在某项能力上坚持磨砺，持续精进，即使每天取得很小的进步，但日拱一卒、功不唐捐，随着能力的不断提升，长此以往，完全有望成为这项技能的顶尖高手。

例如，滑雪运动员谷爱凌、乒乓球运动员马龙、羽毛球运动员林丹这些世界冠军，都是在一个相当细分的领域死磕自己、不断精进所锻造的。

英国自行车队在技术细节方面滚雪球创造的奇迹，完全值得我们好好体会。

2003年以前，英国自行车队是历史上最失败的车队之一。在过往的110年里，英国车队没有在环法自行车赛拿过一块奖牌。因为成绩太差，制造商都不愿意出售自行车给他们，怕影响品牌形象。

然而，在五年后2008年的北京奥运会上，英国自行车队卷走了这个项目上60%的金牌。2014年的伦敦奥运会，英国队在自家门口打破了九个奥运会纪录、七个世界纪录。

2012年环法自行车赛，英国人首次夺冠，2013年、2015年、2016年、2017年和2018年的环法自行车赛总冠军全被英国车队拿下。

照亮了世人的眼睛。

惊天大逆转要归功于天空车队总经理戴夫·布雷斯福德。2003年，他跳槽到了英国国家自行车队担任教练，提出了著名的"边际增益理论"——"我们遵循这样一条原则：把骑自行车有关的环节拆解，把每个分解出来的部分都改进1%，汇总起来之后，整体就会得到显著提高。"

他们会用酒精擦轮胎，以获得更好的抓地力；

他们给每个队员配备专门的枕头和床垫，让队员在出差的酒店里可以快速入睡；

他们甚至把卡车内涂抹成白色，以便于发现灰尘，这些灰尘会降低调试过的自行车性能……

每一个1%的改进都毫不起眼，但10年里每天改进1%，量变就会引发质变，奇迹就此发生。

三、信任雪球

信任无论是对于个人、企业、社会机构，乃至一个国家来说都至关重要。如果某个主体在社会合作中习惯于失信于人，它将很快无法立足于这个社会。但如果一个主体在社会合作中坚持积累信任，那么它的口碑和形象将带来螺旋式正向叠加效果，形成良好的信任雪球。

1985年，海尔对全厂的冰箱进行检查，发现76台虽然未影响制冷功能、却在外观上有划痕的冰箱，当时的厂长张瑞敏决定将这些冰箱当众砸碎，并提出"不合格产品就是不合格产品"的说法，引起强烈社会反响，在改变了海尔员工质量观念的同时，为企业赢得了巨大声誉，对企业长远发展产生了深远影响，这就是信任雪球在发挥作用。

四、流量雪球

新媒体时代的到来，为大量创作者提供了滚雪球的机会。一个创作者如能在某个领域坚持输出优质内容，不断提升专业影响力，那么这些内容将在受众中形成良性反馈，这些反馈将推动创作者进一步提升输出的质量水平，从而获得更大的影响力和更为积极可观的正反馈。

例如，罗振宇自从2012年12月21日开始坚持每周推出一期视频节目，从2017年3月开始每天推送一段他自己的60秒语音，无论刮风下雨始终坚持，这些坚持为其逐步积累起了大量用户，并最终带来了商业上的巨大成功。

五、财富雪球

在投资上找到合适的标的，即使在每一年只获得很低却很稳定的收益，这些收益又投入本金之中以获取复利，在长期坚持之后，将获得可观的收益。

诺贝尔基金会在滚雪球中创造了惊人的财富。该基金会成立于1896年，由诺贝尔捐献980万美元建立，到了1953年，其资产在支付奖金和相关管理费用后只剩下300多万美元，眼看着基金会走向破产。基金会在求教麦肯锡之后，聘请专业人员将剩下的300多万美元投资于股票和房地产中，在投资持续增值效应下，基金总资产在2005年增长到了5.41亿美元，年平均复利超过20%，这就是诺贝尔奖奖金"永远发不完"的根本原因，也是财富滚雪球的最精彩案例之一。

六、经济雪球

目光从微观上升到宏观层面,一个经济体如果能坚持稳定发展,实现经济总量、人均财富量持续增加,这个国家将注定实现国富民强,而且,这个时间不会太长。

例如,从 1978—2017 年,我国国内生产总值按不变价计算增长 33.5 倍,年均增长 9.5%,平均每八年翻一番,远高于同期世界经济 2.9% 左右的年均增速,稳定增长使我国经济实现了显著的滚雪球效应。1978 年,中国经济总量居世界第十一位;2000 年超过意大利,居世界第六位;2007 年超过德国,居世界第三位;2010 年超过日本,成为世界第二大经济体。这短短几十年的变化,在整个人类经济史上都堪称奇迹。

七、文明雪球

从宏观经济再上一个层级,人类文明发展也是一个滚雪球的过程。特别是工业革命之后,人类的财富、制度、技术、协作水平呈现出持续快速进步的图景,这是一个不断累进的过程,也是人类文明雪球越滚越大的进程。

美国加州大学的经济学家测算提出,在最早的狩猎采集时代,人类的生产能力大概是每年人均 90 美元。14000 多年过去后,到了 1750 年,每年人均才翻一番,达到 180 美元。可是,短短 250 年之后,全世界的人均生产总值突然增长了 37 倍,达到了每年人均 6600 美元的水平。这说明,1750 年之后,人类文明滚雪球的速度越来越快,极大地改变了人类的生存面貌。

……

当我们把目光转移至更为广阔的天地,我们会发现,雪球现象几乎无处不在。从微观上看,一个人持续的努力和积累会给他带来惊人的改变;从中观上看,一个社会主体通过日积月累的努力,终将实现重大变化;从宏观来看，一个国家乃至整个人类，都会在虽然缓慢却持续的进步中实现巨大的历史变迁。

我们每个人都是见证了阿尔卑斯山脉滚雪球的雪豹"莱帕德"和"安希尔"，会看到这个世界每天都在发生无数的变化，也许有些变化，在开始时是相当微小而缓慢的，甚至是无法察觉的，但最终的结果却可以颠覆我们每个人的认知。

第三节 雪球哲学：三个底层逻辑

有一个古老的故事：古印度有一个大臣，发明了国际象棋，一共64个黑白格，国王深爱不已，决定赏赐他。大臣说，请国王在第一个格里放上一粒大米，第二个格里放上两粒大米，第三个格里放上四粒，第四个格里放上八粒，第五个格里放上16粒，依此类推一直放到第64个格子。

国王不知其中的利害，就爽快地答应了这个请求，然而，在大米远远没有放到第64个格子的时候，大米粒数已经是一个非常巨大的天文数字了。最后国王测算出，如果要摆满64个格子，大米粒数总数加起来达到了18446744073709551615粒。按照50粒大米1克计算，所有大米加起来就是1840亿吨！毫无疑问，这个是无法实现的数量！

要知道，2018年全球粮食总产量才只有26亿吨！

这是一个典型的滚雪球故事，其实质是在一定的基数上不断累进，越滚越大。在这个过程中，存在着至少三个底层逻辑。

一、复利：威力比原子弹更大

还拿我们的朋友何予默同学为例，在他成长的道路上，会面临三种情况。

第一种情况：何予默同学每天浑浑噩噩，不思进取，一年以后他的水平是多少呢？依然是1。

第二种情况：何予默同学选择跟自己死磕，每天坚持进步1%，一年后他的水平是多少呢？高达37.8。

第三种情况：何予默同学放飞了自我，每天退步1%，一年以后他的水平是多少呢？ 0.03。

这就是残酷的复利力量。

爱因斯坦表示，复利是世界第八大奇迹，威力比原子弹更大。

巴菲特曾说过，复利是世界上最伟大的发明。

复利是相对单利来说的。单利是指本金固定，到最后一次性结算利息。复利，俗称"利滚利"，就是上一期的利息加入下一期的本金中，以获取更多利息。据测算，按照20%的年化收益计算复利，10年可以变成6倍，20年变成39倍，50年将变成9100倍。

从巴菲特的实践来看，每年20%的收益率看起来并不突出，具体年份中极少成为年度投资冠军，但从长期来看，收益率却超越了所有人。巴菲特的财富爆炸，靠的就是时间和复利的力量。

对于复利的力量，巴菲特提出了三个思想实验。

思想实验一：1962年，巴菲特得知伊萨贝拉女王当初资助哥伦布环球探险航行的投资资本大约是三万美元。他认为，如果当时把这三万美元投入年复合收益率为4%的项目，那么到了1962年，这些资金将会累计增值到两万亿美元。

思想实验二：法国国王弗朗西斯一世在1540年支付了4000埃居（约合两万美元），购买了达·芬奇画作《蒙娜丽莎》。巴菲特认为，如果弗朗西斯一世能脚踏实地做些实实在在的投资，他（和他的受托人）能够找到一个每年税后复利收益率6%的投资项目，那么到了1963年，这笔投资将会增值到1000万亿美元。

思想实验三：曼哈顿岛的印第安人把所在这座小岛的 22.3 平方英里（57.8 平方千米）的所有土地卖给荷属美洲新尼德兰省总督彼得·米纽伊特（Peter Minuit），印第安人获得 24 美元，整个曼哈顿岛的土地现在总价值约 125 亿美元。但是巴菲特认为，印第安人只需要能够取得每年 6.5% 的投资收益率，他们卖岛拿到的 24 美元经过 338 年会累计增值到 420 亿美元，而且只要他们努力争取每年多赚上 0.5 个百分点，让年收益率达到 7%，338 年后的现在就能增值到 2050 亿美元。

复利的本息计算公式是：F=P（1+i）×n，其中 F 为终值，P 为现值，i 为利率，n 为计息期数。

要实现复利的增长，关键要看利率 i 和计息期数 n。第一个关键点在于 i，必须是正的，而且应该是稳定的；第二个关键点是 n，n 必须足够大。当然，现值也是重要因素，决定了复利过程的起点。对于很多人而言，"赢在起跑线"意味着在现值上取得优势。"比你优秀的人比你还努力"，则是现值优势的叠加实现。

对此，巴菲特说："这样的几何级财富增长过程表明，要想实现神话般的财富增值，要么让自己活得很长，要么让自己的钱以很高的收益率复合增长。关于如何让自己活得很长，我本人并没什么特别有益的经验可以提供给各位。"

巴菲特正在努力践行这句话，他不但取得了举世瞩目的成就，而且他活得很长，2022 年，他已经 92 岁了。而他的好搭档芒格，已经 98 岁了。惊人的复利力量，在巴菲特身上得到了最完美的体现。

二、长期主义：为不确定的世界赋予确定性

有人曾对 1975—1982 年美国股票市场上市值最大的 500 只股票进行统计。这八年里，股市的波动不大。

在一年的时间里，有 3% 的股票上涨了一倍。

时间拉长到三年，有 18.6% 的股票上涨了一倍以上。

五年后，价格上涨超一倍的股票有 38%。

换句话说，你买 30 只股票，一年里有可能一只股票翻倍，五年里会有 10 只以上翻倍。

同样是这些股票，在不同的时间尺度下，股价出现了显著的变化。时间可以熨平短期的波动，使其中的不确定性变成确定性。这就是时间的力量。

在滚雪球的过程中，必须考虑时间的力量：在正确的道路上，在足够长的时间里，获得惊人的效益。

与这种力量相关联的就是长期主义。从某个角度看，长期主义就是一种把时间视角拉长，对事物长期发展进程进行观察和策略决断的主张。

张磊说："长期主义不仅仅是一种方法论，更是一种价值观。流水不争先，争的是滔滔不绝。"

罗振宇说："只有长期主义者，才能成为时间的朋友。"

陈春花说："越是变化，越是需要长期主义。"

很多人都说："高手都是长期主义者。"

怎样理解长期主义？至少拥有几个维度。

（一）时间维度：熨平波动的奥秘

众所周知，巴菲特是可口可乐最忠实的拥趸之一，是可口可乐股票的长期持有者，他分别在 1988 年、1989 年、1994 年买入可口可乐股票，总成本约 13 亿美元，并且他在这个股票上获得了惊人的收益。

但是，回顾可口可乐的股价走势，可以发现一个长期下行阶段，从 1998 年震荡下滑到 2005 年，而巴菲特的收益率也从 1998 年最高时的 932% 一路下滑到 2005 年最低时的 521%。但是在 2005 年之后，可口可乐的股票又实现了连续 10 多年的上涨。截至 2017 年，巴菲特持股总市值超过 180 亿美元。

如果不是坚持长期主义，巴菲特很可能在股价持续下行的中途任何一个时刻卖出股票，包括止损和止盈操作，最终无法实现当前这个收益。

长期主义在时间维度上的意义在于，它能够穿越周期，与短期的波动带来的效果相互抵消，却能从长期的变化中获取确定的收益。

在时间维度上，有两个关键点。

1. 必须正确识别事物在时间线上的"走向"。

小米创始人雷军在接受采访时，曾表达过一种观点，他的大意是：之前他在金山的时候是公认的"劳模"，一周七天"996"，全年无休，但是金山的成就并不如阿里巴巴。而马云天天云游四方，看上去并不如自己努力，为什么做企业比自己强？他因此得出了著名的理论——"风口上的猪"。

这说明，必须对事物的发展有一个正确的预判，如果预判错误，长期主义就无从存在。注意，这种"正确"不是"准确"，而是走在对的方向上，可以有多种选择，并不要求是唯一选择。

2. 必须区分"大周期"和"小周期"。

可口可乐在 1998—2005 年间的波动属于小周期，而巴菲特持有可口可乐的数十年就处在一个大周期之中。他把握了大周期，取得的成就远远覆盖了小周期下行带来的损失。

观察全世界的资本市场，即使像谷歌、苹果、微软、特斯拉、腾讯这些一流企业的股票，也会在不同时间出现不同幅度的波动，甚至在很长一个周期内出现持续下跌，但如果拉长时间周期，我们会发现这些企业的股票价格在震荡中不断创下历史新高。

真正的长期主义者，必然拥有一种能穿越小周期、把握大周期的能力。

（二）策略维度：局部最优与全局最优

长期主义是坚持吗？是坚持，但也不仅仅是坚持。

例如，在一个错误的方向上坚持，最后就是南辕北辙、适得其反。

即使在一个正确的方向上坚持，当外部环境和各种条件发生变化时，他长期执行的策略是否会发生变化？这种变化对于最终的目标达成是否会造成不可挽回的负面影响？

这就涉及一个重要的策略问题：在坚持长期主义的过程中，是执行局部最优还是全局最优？

国际象棋天才卡斯帕罗夫说："战略家总是先设立一个远期目标，制定相关的战略，然而返回来确定具体措施。他会先设立实现远期目标所必须经过的一些中期目标。特级大师下棋时，依靠的不是对成千上万种应对方案进行单纯的筛选，而是先确定一个他想在10～15步棋后希望达到的局面。他会评估所有可能性，设定一个目标，然后一步步走向这个目标。"

这说明，从下棋的角度看，必须先确定好目标，然后按照目标导向，让每一手棋都能够最大化地服务于最终目标的实现。下面以人工智能棋手与人类棋手对弈为例，对此进行说明。

2016年3月，AlphaGo（阿尔法围棋）与围棋世界冠军、职业九段棋手李世石进行围棋人机大战，以4:1的总比分获胜。

2016年年末、2017年年初，AlphaGo在中国棋类网站上以"大师"（Master）为注册账号与中、日、韩数十位围棋高手进行快棋对决，连续60局无一败绩。

2017年5月，在中国乌镇围棋峰会上，它与排名世界第一的世界围棋冠军柯洁对战，以3:0的总比分获胜。

围棋界公认，AlphaGo的棋力已经远远超过人类职业围棋顶尖水平。

AlphaGo是怎么取得如此重大的成就的？原来，它通过两个不同的神经网络"大脑"合作来改进下棋，一个是落子选择器，其作用是观察棋盘布局企图，找到最佳的下一步；一个是棋局评估器，其作用不是去判断下一步具体走哪儿，而是在给定棋子位置情况下，预测每一个棋手赢棋的概率，从而走出当下能赢得全局获胜概率最高的那手棋。而人类棋手则是由于算力不足以及容易受到情绪影响，即使走出深度很大的招数，也难以做出全局最优的选择。

长期主义意味着，为了实现最终的目标，不是坚持始终如一的策略和方法，而是坚持最终的目标不动摇，及时调整策略和手段，确保每一步都能够实现全局最优。全局最优是滚雪球的题中应有之意。

（三）人性维度：对抗短期利益

长期主义本质上是一种反人性的主张，因为人性天生追求短期、可见、可及的快乐和享受，追求的是短期主义、及时行乐。百鸟在林不如一鸟在手，今朝有酒今朝醉、明日愁来明日愁，有花堪折直须折、莫待无花空折枝，等等，这些都是短期主义的体现。而长期，则充满了巨大的不确定性，时间越长，不确定性就越大。

这可以从生理学的角度进行阐述。

人类的冲动既是魔鬼，也是人类生成斗志、突破突围的重要推动力。这是大自然赋予人类的一种神奇力量，它是通过多巴胺发挥作用的。

多巴胺是一种用来帮助细胞传送脉冲的化学物质，是神经传导物质的一种。这种传导物质主要负责大脑的情欲、感觉，传递兴奋及喜悦的信息。

简而言之，多巴胺负责即时满足，及时行乐，不计后果，如果不受控制，人类可能早就毁在了自己的手里。

非常幸运的是，人类发展出了"前额叶"，从而拥有了对"未来"的概念，其目的是通过控制多巴胺，为实现将来的目标抑制当下的冲动。

前额叶是大脑中的信息枢纽。当大脑中同时产生了多个与多巴胺相关的信号，这些信号就会汇总到前额叶，由前额叶进行评判和选择，假如前额叶觉得某个冲动不利于未来，就会抑制该多巴胺发出的信号，从而作出更长期的决策。

因此，多巴胺是短期主义的朋友，也是长期主义的敌人。长期主义者必须拥有强大的前额叶功能，对于长远的未来拥有足够的预判能力和坚定的信念，并且有足够的能力抵抗当下的各种短期利益的诱惑。

三、价值投资：四大优势为投资保驾护航

1988年，巴菲特的伯克希尔·哈撒韦公司开始买入可口可乐公司的股票。当时，可口可乐的市盈率约为15，低于其历史平均值20，总体上是比较便宜的。

可口可乐的股票便宜是有原因的：一是1987年股市崩盘，投资者心态悲观；二是可口可乐新品口味不佳，市场短期内口碑下跌；三是投资失败。

但是，巴菲特认为，可口可乐的"护城河"很宽，网络营销能力强大，毛利润高达80%，受到新兴市场越来越多的欢迎，竞争对手很难对它发起挑战。巴菲特信心十足地说："如果你给我1000亿美元，告诉我'夺走可口可乐在全球饮料市场的领先地位'，我会把钱还给你，然后跟你说办不到。"于是巴菲特多次投资可口可乐，在可口可乐市值增长过程中实现了财富的滚雪球。

这就是价值投资：投资者在股票投资时，无视股票价格的短期波动，只关注企业的内在价值；选择低估值或者基本面良好的股票并进行长期持有，这是价值投资者的基本原则。

价值投资最早可以追溯到20世纪30年代，由哥伦比亚大学的本杰明·格雷厄姆创立，经过巴菲特的实践和发扬光大，在20世纪70—80年代的美国备受推崇。它至少具有四个方面的优势。

（一）相对于趋势投资，价值投资是一个赢面更大的策略

因为股票价格总是围绕价值上下波动，波动性是股票的重要表征，被低估或者基本面良好的股票向上波动的空间更大、可能性也更大。

（二）价值投资因其长期持有策略，可以避免追涨杀跌、高抛低吸，从而避免短期博弈带来的损失

短期博弈是无数聪明人参与的丛林战争，投资者因为知识、能力、情绪等方面的缺陷，稍有不慎就会遭遇滑铁卢。而价值投资可以避开和大部分聪明人博弈，减少损失。

（三）波动不可避免，未来难以预测，预测容易出错，价值投资可以减少预测

价值投资是这样一种方法，它对择时的要求不高，只要对未来有一个正确的预判，即所谓的"模糊的正确"，就很可能在一个较长的时间内实现预期的收益，大大降低犯错误的概率和投资的难度。

美国先锋集团创始人约翰·博格说："统计资料表明，证券分析师大约只有10%的概率能够猜中市场是处于谷峰还是谷底。而投资者如果想赚钱，就必须既要猜中什么时候是谷峰，以便能及时卖出；又要能猜中什么时候是谷底，以便能及时买进。连续猜中两次（成功一次）的机会只有1%，连续成功两次的机会更是只有万分之一。"

格雷厄姆说："如果说我在华尔街60多年的经验中发现过什么的话，那就是从来没有人能够成功预测股市变化。"

巴菲特说："在金融界，对于过去表现进行统计所产生的证据要小心，如果历史书是致富的关键，那么福布斯400的富豪榜单将由图书管理员组成。"

这是因为利用归纳统计历史数据得出的一般规律，只能解释过去的股市

演化，但是对未来没有绝对的指导性，更无法解释"黑天鹅"的出现，对于预测未来股价无疑是无能为力的。

巴菲特在1980年致股东的信中说："对于未来一年的股市走势、利率以及经济动态，我不会做任何预测，过去不会、现在不会、将来也不会，股价预测对了解股市发展没有帮助。"巴菲特从不预测市场，只专注于企业的内在价值。他所遵循的是一种演绎法思维，以反映客观规律的理论认识为核心，围绕这一核心，从已知的事物推测未知的部分。

巴菲特在1994年的股东大会上详细阐述了这一逻辑，投资者要清楚了解投资标的的商业模式，从而可以推测企业未来的规划以及项目实际会带来的现金流，进而能够测量企业的内在价值。巴菲特在投资上运用的这种演绎法，又称为投资中的第一性原理。但这绝不是对股价波动进行预测。

（四）价值投资可以降低成本，因为高频交易的一个重要成本就是交易佣金和印花税支出

在美国等国家，交易者还必须支付资本利得税，持有的时间越长，资本利得税越低。价值投资者长期持有投资标的，在大大减少交易频率的同时也大大降低了交易成本。

因此，价值投资对于实现滚雪球式的累进增长是极为重要的。

在这里必须提出，价值投资一定要与投资标的所处的宏观环境相匹配。回顾巴菲特的投资历程，他取得的伟大成就固然有赖于他对于投资标的的选择和他经年累月的坚持，但绝对不能忽略的一个重要条件是，过去几十年间是美国经济长期稳定增长的几十年，是美国不断强化其对全球经济、政治、文化和军事影响力的几十年，在这个环境中，企业的发展、财富的增长成为一种可以预期的现象，这为巴菲特的成功奠定了决定性的基础。相反，如果一个国家社会动荡、经济衰退，企业不仅难以创造价值，反而会毁灭价值，那要想获取稳定的投资收益则是天方夜谭。

从某个意义上说，巴菲特搭上了美国经济发展的便车。这也是很多知名投资家和投资机构出现在美国的根本原因所在。

在 2020 年的股东大会上，巴菲特一开始就说：疫情状况预计不会更坏了，依然坚信"没有任何情况可以从根本上阻止美国前行"。他说："疫情对经济的影响目前还不能完全知晓，但是我对美国的经济重振有信心，美国奇迹依然正在发生；不要在美国上下错赌注，美国（经济）是相当强健的；美国奇迹、美国魔力过去曾一直盛行，而且还可能会再次盛行。"

实际上，每个人、每个家庭、每个企业的命运无不与国家命运紧密相连。巴菲特在历次股东大会上都非常坚定的一个观点是：绝不做空自己的祖国。

当前，中国经济强势发展，社会空前稳定，中国市场不仅仅是企业家的宝地，更是价值投资者的天堂。可以预见，未来会有"中国巴菲特"的出现，而且会越来越多，他们从不会做空自己的祖国，而是会选择重仓中国，与中国企业共同成长，成为中国不断强大的国运的见证者和参与者。

这种情况正在出现。例如张磊创建的高瓴资本，在过去 10 年取得了 33% 的平均年化收益，这个收益率比巴菲特 20% 的平均收益还高出了 10 多个百分点。

第二章
复利原理

当你认识到复利的价值和难度，你就明白了一切。

——查理·芒格

第一节　复利效应

池塘里，第一天长出一片荷叶；第二天开始，每天新长出前一天一倍的荷叶：第二天两片；第三天四片；第四天八片……到第 20 天的时候，荷叶已经掩盖半个池塘，令人瞠目结舌的是，第 21 天，荷叶已经覆盖了整个池塘——这个增长速度令人咋舌！

这就是池塘效应，经济学的一个原理表明了复利增长的威力。

一个纸板厚度只有一厘米，对折 20 次后的高度达到 10485 米。但如果每次对折完以后消掉 30%，最终的厚度会急剧下降，只有 406 米。

这也是复利的威力。

滚雪球的底层逻辑，到底是什么呢？答案是：复利。

复利不仅是财富滚雪球的底层逻辑，还是一切爆发性增长的终极规律。它的本质是：事件 A 会导致结果 B，结果 B 又会反向加强 A，如此不断循环，循环的次数越多，A 就越强大。

2005 年，在美国布鲁克林工艺大学任教的欧斯默夫妇相继去世，两人膝下无子，却留下 8.57 亿美元的遗产。

这笔巨额遗产是从哪里来的呢？原来早在 1960 年，他们把不过五万美元的积蓄交给巴菲特打理，这一交就是 45 年。巴菲特对此解释说，欧斯默夫妇的财富增长，就是得益于奇特的复利效应。

查理·芒格说："当你认识到复利的价值和难度时，你就明白了一切。"

有很多关于复利的故事，但很多人却把它们当成成功学的"垃圾"扔掉了。其实，复利背后有着深刻的哲理和逻辑。

在 1965—2021 年的 57 年间，标普 500 指数以 10.5% 的年化复合增长，累计增长超过 300 倍，表现非常出色。要知道，57 年是一个很长的周期，越战、石油危机、互联网泡沫、次贷危机、新冠肺炎疫情，都对美国股市造成了巨大冲击，因此，标普 500 指数的表现确实非常优秀。对此，巴菲特说："如果你自己不知道该怎么选股，就买指数基金，尤其要买标普 500 的基金。"

与标普 500 指数对应的是，伯克希尔·哈撒韦的股价在同一时间段内实现 20.1% 的复利增长，累计增长 3.6 万倍，每一年的年化差距，一个是 10%，一个 20%，每年差得不多，但是以 57 年为周期，一个是 300 倍，一个是 3.6 万倍。

一、复利三要素

前面提到过，复利的本息计算公式是：$F=P(1+i)×n$，其中 F 为终值，P 为现值，i 为利率，n 为计息期数。

（一）本金

复利的三个变量中，初始本金对投资结果的影响是线性关系的，本金的变化并不会影响复利积累过程的曲线形状，只是影响复利曲线的起点，从这个角度看，本金似乎是复利三变量中最不重要的。

但实际上，本金非常重要。

因为对于计息期数 n，每个人应该差不多，每个人一年只有 12 个月，一辈子平均只有 80 年，因此，积累年限不会有太多差距。

此外，对于收益率来说，投资收益率是有天花板的。我们来看看世界级投资大师的收益率。

第一位，沃伦·巴菲特：60 多年的时间，平均年化收益 20%，累计 5000 多倍，身价超 1000 亿美元。

第二位，詹姆斯·西蒙斯：20多年时间，平均年化35%，收益超500倍。

第三位，乔治·索罗斯：接近30年时间，平均年化超过30%。

第四位，本杰明·格雷厄姆：30年左右时间，平均年化收益20%。

第五位，大卫·斯文森：耶鲁首席投资管理，真正的资产配置大师，配置了一套持续盈利的投资模型，20多年时间，平均年化16.1%，累计36倍。

第六位，约翰·聂夫：31年时间，平均年化13.7%，平均年化超过市场三个百分点，累计55倍。

第七位，彼得·林奇：13年时间，平均年化29%，累计27倍多。

一两年的高收益，比如有些人宣称的一年赚了几倍都不算什么，并不值得羡慕，因为这些人很可能在熊市的时候回撤巨大。实际上，连续10年收益率能超过10%的人，就一定能称为高手了。要是能实现连续20年超过15%的投资收益率的人，完全堪称大师。

全世界顶级理财大师巴菲特的长期复合收益率只有20%，普通人能达到8%～10%的收益率也已经相当不错了，而且并不会有着巨大的差异。因此，本金决定了复利的起点，是一个关键变量。例如美国的经济基础强大，只要每年增长3%，其增长的经济总量会比落后国家每年10%以上的增长率大很多，这就是原始积累的重要性。

1. 第一桶金，是绝大多数人最应该下功夫的。

投资者，如何开启财富滚雪球之路？首先，要有"第一桶金"。对于职场发展、创业和投资而言，原始积累的意义非常重要。下面以职场发展为例进行阐述。

第一步，选行业。行业选择对于年轻人来说具有关键性的意义。当然行业选择的出发点有很多，如兴趣爱好、理想追求、工作便利、薪资水平，等等，不能一概而论。但是，如果要从原始积累的角度看，以薪资收入为衡量标准，就一定要做到选对行业。男怕入错行，女怕嫁错郎，其实年轻人都怕入错行。单纯从薪资水平选行业，是有国家统计局统计数据为依据的。

2006—2020年，最高年薪的行业一直都是金融业，2006年金融业平均年薪为8.8万元，到2020年已经达到26万元。在金融业中，券商的收入则是拉高平均收入的重要力量。Choice数据显示，2021年有27家券商员工人均薪酬超过50万元，7家低于40万元；34家人均薪酬较前一年实现上涨。中金公司以116.42万元的人均薪酬位居2021年上市券商员工人均薪酬榜第一位；中信证券2021年人均薪酬为94.70万元，排名第二位；此外，华泰证券、广发证券、国金证券人均薪酬都超过80万元，分别为88.57万元、84.08万元、82.67万元。

年薪排行第二的行业也一直没变，第二是信息传输、计算机服务和软件业，2020年平均薪酬为259729元。

薪资垫底的行业，目前是餐饮行业，餐饮行业年薪在2006年两万多元，到2020年也才五万多，15年只涨了三万多元，还赶不上十几年的物价上涨。

举这个例子，不是建议读者一定要往金融业扎堆，而是要说明一个道理，在不同行业中，即使都投入百分之百的专注和精力，但收入却可以达到十倍、几十倍的差距。而这种收入的差距，对于复利增长的现值（也就是本金）是有决定性意义的。

第二步，经营职场。很多人都有这样一种观点：职场发展，给别人打工，永远只是养家糊口的事情，不可能成为有钱人，要暴富的可能性是零。在这种观念的指引下，很多人并不珍惜工作，上班摸鱼，得过且过，最终荒废青春，一事无成。实际上，职场是一份特殊的、优质的资产，原因有四：

第一，工作能持续、稳定地带来相对固定的收益，在你未辞职或未遭解雇之前，也就是在你的持有期内，它就像一只永续债，为你带来固定的孳息，这是维持家庭正常运转的保障。

第二，工作能随行就市地保值增值，无须主动地、特地地、费尽心机地去进行保值增值。

第三，工作能够带来薪资收入，如果这种收入水平在不断提升，就能够积少成多，形成原始积累，为后续的投资、"钱生钱"奠定坚实基础。

第四，工作还具有很多价值，例如社会尊重、自我实现、成就感，等等，这些都能超越金钱的意义，对于一个职场人士来说非常重要。

但是，这个资产是有专属性的，是无法买卖的，你不能把你的工作岗位随意转让给谁，因此，对待这样一个资产，必须珍惜，一旦错过就不会再来。

在这个过程中，必须懂得延迟满足。延迟满足是复利投资的一个关键词，意味着为了长远的目标放弃一部分当前的享受，而放弃的这部分享受将成为现值（本金）的积累，为整个复利增长创造更强大的储备。经常听到有人说这句话："人生苦短，要及时行乐。"但这种及时行乐成本是巨大的。懂得延迟满足，才能更好规划自己的现金流，为投资的复利之旅积累必要的初始本金。

第三步，复利投资。在工作中形成一定的原始积累之后，在不影响家庭正常开支、做好家庭保障的基础上，把一部分闲钱拿出来，依靠正确的投资方法、投资理念进行投资，利用资本市场这个财富的放大器，分享经济增长和资本市场带来的红利，就可能在复利增长过程中实现财富的增长，实现人生的富足与自由。

接下来以创业为例阐述第一桶金。

回顾40年前，我国改革开放初期，很多人下海经商，完成了原始积累。在2000年以后，很多人开始投资房产，赚得盆满钵满。例如财经作家吴晓波，从20世纪90年代开始，每年买一套房，买了十几年，单凭买房就实现了财富自由。

最近10年，各种业态抓住历史性的发展契机，淘宝开店、自媒体、网红经济、抖音带货……都在各自赛道上斩获颇丰，积累了资本。

投资者、创业者在他们的领域中勇于成为拓荒者、冒险者，敢想敢干，能屈能伸，认知力、学习力和行动力超强。任何时代都有创业机会，要能敏锐感知这个时代浪潮，要洞察并把握浪潮中的历史性机遇，才有机会实现原始积累。

2. 本金安全，是任何复利增长的根本保障。

以上论述了本金的积累，这是最重要前提和基础，但光有本金还不行，还需要保护好本金。本金安全，是任何复利增长的根本保障。在一个复利增长中，不论本金来源于职场薪酬，还是创业，抑或是"富二代"的财富传承，都应该保护好本金。

保护本金的第一要义就是，杜绝投机。

凯恩斯在《就业、利息与货币通论》第12章当中指出，股票收益的来源有两方面，一方面是实业、分红和利润增长，另一方面就是投机。

价值投资的鼻祖本杰明·格雷厄姆在其《证券分析》中这样定义投资和投机："投资是根据详尽的分析，保证本金安全和满意回报的操作。不符合这一标准的操作是投机。"他说，投资的第一要素是保住本金。

投资是做蛋糕，投机是分蛋糕；投资是基于价值的变动，投机是基于价格的变动。买入一个股票之后，如果指望这个公司能不停地产生收入和创造价值，不断产生自由现金流从而获利，这种行为就是投资；而如果只是"期待有人以更高的价格尽快买走"，就是投机。投资的收益，是来自投资标的所产生的财富；而投机的收益，则是来自另一个投机者的亏损。

马克·吐温在经历了惨重的投机失败之后，幽默地说："10月，是股票投资最危险的月份之一。其他最危险的月份是：7月、1月、9月、4月、11月、5月、3月、6月、12月、8月和2月。""人的一生，只有两种情况不应该参与投机：输不起的时候和输得起的时候。"

巴菲特有这样一句投资名言："成功的秘诀有三条：第一，尽量避免风险，保住本金；第二，尽量避免风险，保住本金；第三，坚决牢记第一条、第二条。"

如果我们想要获得长期的复利，要尽最大努力去避免中间的亏损，可以少赚钱，但是原则上不要亏钱，一旦亏钱对于复利进程的损耗远远大于想象。

这笔账是这样算的。当我们手里的股票下跌 10% 时需要 11% 的涨幅才能回本，跌 20% 时需要 25% 的涨幅才能够回本，下跌 50% 就需要翻倍才能解套。万一投资亏损 90%，需要翻 10 倍才能回本。

盈利也一样，投资收益翻倍只需要亏损 50% 就会再次回到原地。

这就是亏损的危险性，也是保住本金的极端重要意义。

怎样保住本金呢？

第一，形成正确认知。投资有风险，入市需谨慎。凡是投资理财，就会有亏损和失去本金的危险。因此，必须明确自身的风险承受能力，在自己承受能力范围内进行投资理财。

第二，扩大投资赢面。投资是只要做大概率正确的事情。因为投资都是有风险的，每一笔投资都可能亏损，但在空间维度上分散投资，在时间维度上进行长期投资，就可能大概率提升投资成功率。

第三，做一个保守者。一方面要做好止损止盈，另一方面应该选择相对保守的投资标的。例如，巴菲特就是一个投资上的保守主义者，即使盖茨是他多年的好朋友，但是巴菲特因为不了解科技、看不懂微软，因此就没有对微软进行投资。巴菲特投资的领域并不宽广，基本专注于保险、银行、消费、媒体等领域，这些都是他最了解的领域，这也是他在投资上保守且努力守住本金的一个体现。

（二）时间——计息期数 n

我们再来看看上述的复利公式。此前我们论述过，本金关系到资金的原始积累，是一个重要的要素。现在我们来看看另一个变量——时间，也就是复利公式里的计息期数 n。

我们来举个例子，如果我拥有本金 1 元，参与投资收益率为 20%、时间 30 年的投资中，模拟三个指标分别减半来比较不同的终值，可以看到本金减半使得终值剩下初始值的 50%，收益率和时间减半使得终值只有初始值的 8% 及 6%。

由此可见，对复利来说，这三个指标的重要程度依次为：时间、收益率及本金。

表 2-1　本金、收益率、时间的关系

项目	本金	收益率	时间	结果
初始值	1	0.2	30	237
本金减半	0.5	0.2	30	118
收益率减半	1	0.1	30	17
时间减半	1	0.2	15	15

初始值（现值、本金）与结果的关系，是线性关系。但是收益率和时间两个变量，构成了复利公式中最重要的幂指数函数，这两个变量的变化，会直接影响幂指数曲线的积累结果。收益率的变化会影响曲线的陡峭程度；而时间的推延，使得整个曲线在越长的时间里实现更大倍数的收益。这种变化是指数级别的变化。

同时，必须指出，时间又是最公平的。如前所述，人的平均寿命也就 80 年，如果每个人把这个时间充分利用，也只有几十年。不管你是商贾巨富、投资大师，还是创业者、上班族，每个人都无法获取比别人多很多的时间。

普通投资者如何把握时间变量呢？

第一，普通投资者比基金经理在时间上拥有更大的优势。基金经理在业绩、排名、控制回撤方面有很严格的要求，这些可能会迫使他们进行追涨杀跌的短线操作，而追涨杀跌又是证券市场的大忌。

第二，普通投资者用闲钱投资，足以支撑长期投资。由于是"闲钱"，并不着急退出兑现，反而可以越跌越买，有助于降低持仓成本，使得资金投资的时间价值得到更好的实现。

巴菲特说过："为什么我不担心别人学走我的模式呢？他们学不走。那是因为，他们急功近利，缺乏持之以恒的精神。即使他们非常认同我的理念，但是，他们没有耐心，等不及复利在较长时间里所展现出来的魔力。"

如果从 1965 年算起，伯克希尔·哈撒韦公司在 57 年发展的时间里，年均 20% 的收益率积累下来，投资收益超过 3.2 万倍。如果从巴菲特 1956 年开始经营投资合伙企业算起，66 年 20% 的积累，复利结果超过了 16.8 万倍。

伯克希尔·哈撒韦公司的两位董事长——巴菲特和芒格，今年已经分别 92 岁和 98 岁了，在时间这个变量上，他们充分展示了复利的奇迹。

种一棵树最好的时候是 10 年前，然后是现在。

（三）收益率

在复利增长中，收益率影响非常大。假设投资 10 万元，收益率分别是 5%、10% 和 15%，30 年后的收益如下图所示：

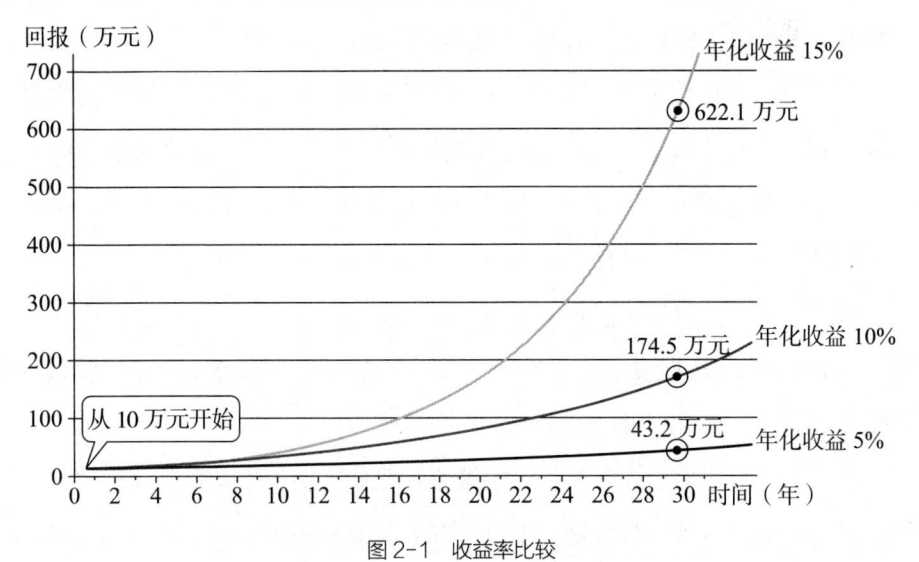

图 2-1　收益率比较

由上图可见，不同的收益率决定了增长曲线的陡峭程度，而即使收益率只有5%的区别，在30年后，其终值就会有几倍、十几倍的差距。

收益率很重要，但是要实现更高的收益率并不容易，特别是到了一个拐点之后。下面我们来看一组投资理财产品收益率的有关情况。

2%：可以理解为目前有较小风险收益率，支付宝的余额宝、微信的理财通就可以轻松实现；

4%～6%：当前的银行理财产品、债券基金可以实现的预期收益率范围；

8%～10%：二级债券基金（股票和债券二八开的债券型基金）、合理价格买入的指数基金可以较长时间内达到的预期收益率范围；

15%：国内顶级基金经理能够达到的长期投资收益率；

20%：国际投资大师才可能实现的长期投资收益率，比如格雷厄姆的亲传弟子施洛斯和巴菲特这两个师兄弟可以实现的收益率。

不排除在更短周期内实现更高收益的投资人，例如高瓴资本张磊在10多年内实现30%以上收益，但在数十年的超长投资周期内实现的收益率，尚无法跟巴菲特相媲美。

那么，如何正确对待合适的投资收益率呢？

在《聪明的投资者》一书中，格雷厄姆将投资者分为两类，即防御型投资者和进取型投资者。防御型（或者说消极型）投资者的第一个目标是避免发生重大错误和重大亏损，最主要的精力当然都放在防守上；第二个目标是轻松自由，不需要经常分析决策，省心省力，省时省事。

格雷厄姆建议防御型投资者要遵循四大选股原则：适当分散投资10～30只股票；选股要选大型企业、杰出企业、融资保守的企业；股息持续发放20年以上；市盈率不超过25倍。

格雷厄姆给防御型投资者制定的策略是股债平衡策略，股票和债券五五开，定期平衡。当然，基金是一个更为省事且安全的防御型投资者的选择。

假如你是一个投资素人，对于宏观经济、投资理论、投资技巧、行业特点没有任何研究，只要定期定额投资一只全市场指数基金（如美国的标准普尔500和中国的沪深300指数基金），就能取得相当于那些非常专业的基金经理的平均业绩水平。

8%是防御型投资者的合理收益率预期。这个收益率，通过投资稳健的二级债券基金、指数基金，搭配股债平衡策略，应该是可以预期达到的。

如果你属于少数进取心非常强的人，有野心、有能力、有时间、有精力去战胜市场，那么你可以选择做进取型投资者。格雷厄姆对此这样定义："进攻型（或者说积极型、进取型）投资者的最核心特征是，愿意花费大量时间和精力，选择比一般证券更加稳健可靠而且潜在回报更有吸引力的证券。"进取型投资者会比防御型投资者多付出很多时间和精力，多用很多分析技能，目标是多赚一些钱，取得更好的投资业绩。实际上，20%已经是进取型投资者长期收益率的天花板，15%已经是顶级基金经理的水平了。

格雷厄姆说过："投资艺术有一个特点不为大众所知。门外汉只需些许努力与能力，便可以取得令人尊敬（即使并不可观）的结果。但是如果人们想在这个容易获取的标准上更进一步，就需要更多的实践和智慧。"

第二节　五种复利

一、知识复利

中国著名科幻作家刘慈欣刚上小学的时候，特别喜欢翻看父亲从外地带回来的新鲜玩意儿，有一次他无意中看见了一本书——《地心游记》。这本书，为刘慈欣打开了一道通往科幻世界的大门。

刘慈欣还在父亲带回来的书籍中看到了诸如《太空神曲》这样的科幻读物。阅读这些科幻刊物在当时那个年代还是很敏感的，他父亲也叮嘱他不要看这些书，但刘慈欣还是禁不住"诱惑"，沉浸在了科幻的世界中。

这些书籍通过丰富的想象力占据着刘慈欣的内心，也在他的心里埋下了创作的种子。在刘慈欣刚满15岁时，他有了创作的念头。但一开始，他的多次投稿都遭到拒绝。

但是刘慈欣没有气馁，他以对科幻世界的极大热情，坚持用笔描绘着自己内心的科幻世界。1999年，刘慈欣所创作的《鲸歌》得以发表，他迈出了科幻人生的关键一步。在随后的2006年，刘慈欣先后创作出《流浪地球》《三体》等八部作品，连续八年荣获中国科幻文学银河奖，创下举世瞩目的成就。后来，《三体》获得第73届雨果奖，这是亚洲人第一次获得这个奖项，标志着中国科幻小说走出国门，进入世界。

刘慈欣的作品开始广为流传并受到全球无数读者的追捧和喜欢，《三体》已被翻译成英语、西班牙语、葡萄牙语等多种语言在海外畅销，累计全球销量超过2100万册。奥巴马、扎克伯格、雷军、马化腾等名人都成了《三体》的忠实粉丝。

刘慈欣长期坚持在科幻领域进行积累，最终享受到了知识复利带来的巨大成功。

在中国诗词大会上，外卖小哥雷海击败北大硕士，夺得年度冠军，在社会上引起了巨大轰动。对此，雷海解释说："不管工作和生活有多么忙碌，时间挤一挤还是有的。送外卖其实有很多碎片化时间，这些时间用来学习诗词正合适。比如在商家等餐的时候，在路上等红灯的时候，这些时间都可以拿来背诗。下午2：30—4：30这段时间，我回到住处换过电瓶，吃过午饭，有那么一个多钟头的时间。这个时间相对充足，就可以坐下来好好读几首诗词。"

雷海就是利用碎片时间，日积月累，每天进步，利用复利的力量，取得了重大突破。正是这样的坚持，才让一个外卖小哥击败了北大硕士，也让我们见识到了知识复利的强大威力。

所谓知识复利，是指原有知识成为获取新知的基础，新知识又会支撑和诱发下一次知识增长，不断学习新知识会使知识像利滚利一般快速更新和迭代。换而言之，你花在学习和知识上的任何积累，都会在未来某个时间得到回报。

知识的积累分为纵向积累和横向积累，纵向积累是指在每一领域的深度和高度上的拓展和深化，如在基因工程、芯片设计等领域朝精深方向拓展。横向积累是指跨领域积累，通过涉猎不同领域知识扩大知识面，或者进行跨学科研究，以达成在不同学科之间的融会贯通。

不管是横向积累还是纵向积累，都会形成正面反馈，有助于用已知将未知变成已知，而新的已知也将导致新的未知，从而形成知识积累的良性循环，最后实现认知升级，获取知识复利。

知识大概可以分为三个层级。

第一层级知识为普及类知识，这是我们日常读到的经过加工、适合大多数人阅读的知识，这类知识通俗易懂，很多时候表现为碎片化阅读的知识，能够适用于日常生活，具有实践价值。

第二层级知识为逻辑类知识，这类知识比第一层级知识层次更深，是对现象和知识的阐述，是对事物本质的揭示，能够发现事物运行的底层逻辑，具有研究价值。

第三层级知识为原创性知识，是科学家等人类前沿学者正在探索和形成中，甚至待验证的新知识，具有探索价值。

每一层级的知识都具有其独特作用，但总体而言，在知识复利中，越是高层级的知识更具有前沿性和扩展性，越能够在知识与知识之间形成勾连，消除知识孤岛，实现知识的指数级成长。

二、成长复利

有一个典故，叫作杏林高手。杏林高手是啥意思呢？

董奉，三国时侯官（今福建长乐区古槐镇）人，少年学医，年轻时曾任侯官县小吏，不久归隐，在其家后山中，一边练功，一边行医。董奉医术高明，治病不取钱物，只要重病愈者在山中栽杏五株，轻病愈者栽杏一株。

"君异居山间，为人治病，不取钱物，使人重病愈者，使栽杏五株，轻者一株，如此十年，计得十万余株，郁然成林……"

数年之后，有杏十万株，郁然成林。夏天杏子熟时，董奉便在树下建一草仓储杏。需要杏子的人，可用谷子自行交换。再将所得之谷赈济贫民，供给行旅。后世称颂医家"杏林春暖"之语，盖源于此。

杏林高手的故事，一方面体现了董奉的高尚医德，另一方面也是董奉高超医术的金字招牌，病人来了一看，门口一片杏林，就知道这个医生是一个高手。

这个故事也体现了一个成长复利的精神，你所做的事情，可以为后来做的事情进行有意义的积累，每做一件事都能为后来的事情提升效率和效果。

毫无疑问，医生是具有成长复利的职业，随着从医经验的丰富，医生的声望就会持续提升。同样，基金经理、律师等，都是具有成长复利效应的职业。同理，一个人，特别是年轻人，应该在年轻的时候多掌握一些技能，多考一些资格证书，提升学历，特别是多积累一些经验，对于人生而言就是一个获取成长复利的过程。

从成长复利这个角度看，年轻人会遇到几个非常重大的决策。

第一，学什么专业？专业能影响你的思考能力、思维特点、就业选择和同门资源。

第二，从事什么行业？行业不一定与专业一致，但从事的行业能影响人生走向和收入水平。

第三，毕业后选择哪个城市？这个城市决定你的视野、人脉、资源和发展空间。

第四，和什么样的人结婚？这个决定了你的生活幸福度和成就事业的家庭支持力度。

第五，怎样养育后代？孩子要养成正确的价值观、消费观、投资观，越早养成，越早受益。

这些重大决策做好了，人就会走在正确的道路上，人的成长就会出现复利效应，更容易实现人生的目标。

三、人际复利

几十年前的一个傍晚，一对澳大利亚夫妇正带着自己的孩子在西湖边游玩。这时，一个身材瘦小的孩子走了上来，用非常稚嫩的英语和他们打招呼："你好，我可以跟你们一起玩吗？"

这个男孩，就是马云。他想锻炼一下新学的英语口语。就这样，马云和这个异国友人 Ken Morley，成了跨国笔友。每次回信中 Ken 都会为马云修改英文，也成就了马云后来过硬的英语口语水平。

后来，马云经历三次高考终于考上了杭州师范学院。求学期间，这位澳大利亚人每隔六个月给马云寄一张支票，两年多时间总共寄了大概 200 澳元。

马云 21 岁那年，还受邀去了澳大利亚。"试试看，说不定你能拿到护照。"Ken 这样鼓励马云这个从未见过外面世界的中国少年。

马云后来回忆说："那 29 天对我来说至关重要。当我回到中国的时候，我完全是另外一个人了，没有那 29 天，我永远不会像今天这样思考。"

2004 年 12 月，马云创立第三方网上支付平台支付宝。同年，Ken 去世。2017 年 2 月 3 日，再也不是穷小子的马云来到 Ken 的故乡澳大利亚纽卡斯尔，出资 2000 万美元，在纽卡斯尔大学成立了以自己的姓和 Ken 的姓命名的奖学金 Ma-Morley。这 2000 万美元，是当年 Ken 寄给马云的 200 澳元的 13 万倍。

不论是对于马云还是 Ken，这种人际关系都是非常重要的。从人生的角度看，人际关系的投入和维系成本一般都不会很大，但随着时间的推移，这种关系就会随着个人的成长，产生惊人的利滚利的效应，这就是人际复利。

有一个词叫作"情感银行"。如果你损害了同事、朋友的利益，就是从"情感银行"中取了钱；如果你和他人的合作为双方都带来了效益，就等于从这个银行中存了钱。这个情感银行就是你的人脉资源，只要维系得好，它会带来可观的复利效应。

人际关系大师斯蒂芬·杰姆提出"微笑原则"，每天早上上班，对每一个同事微笑，一年后，会取得意想不到的效果。这种微笑传递的是友善、正能量，以及良好的形象。如果能坚持"微笑"，将会带来更多的信任感，拉近与同事间的距离，促进更多的合作与效率，从而实现整个团体的进步。

四、健康复利

有媒体报道，2022年的清明节，广州网友在踏青的时候偶遇香港地区首富李嘉诚。

当天李嘉诚身穿淡蓝色休闲裤配格子毛衣，整个人看上去显得十分消瘦，但他的身体很硬朗，走路速度也很快，完全不像是95岁的老人。网友们都羡慕李嘉诚如今还能够拥有这样的体魄，看来应该是常年锻炼的结果。

李嘉诚并不仅仅是每天早睡早起而已，他对身体的保养非常用心。和大多数人一样，李嘉诚也选择多做锻炼来保持自己的健康，并且坚持了几十年，每天都不停歇。

李嘉诚基金会董事、被称为"李嘉诚红颜知己"的周凯旋为李嘉诚做了详细的保健计划：每天早晨都要锻炼一个半小时。周一，打高尔夫球；周二，游泳；周三，慢跑；周四，打太极拳；周五，海边慢走；周末两天则登山。这样的规律作息从不间断。李嘉诚表示，最重要的是要有恒心。年轻的时候，就算家里条件不够好，他也要坚持做运动。正是数十年如一日的坚持锻炼，造就了李嘉诚健康的体魄，而健康的体魄又为他的财富创造过程提供了坚强的保障。这种复利得益于它的现值（P）——好的身体底子，利率（i）——合适的、稳定的坚持锻炼的效果，计息期数（n）——数十年如一日的坚持，最终实现了惊人的终值（f）——一生享用不尽的健康资源。

我们再来看一个普通人的例子。

据 2020 年的媒体报道，78 岁的张全通老人是地地道道的青岛人，他从 1965 年开始冬泳，已有 55 年。他练习跳水 17 年，并且在 2008 年奥运会开幕式当天，在栈桥耗时 175 分钟，连续跳水 208 次，以此来庆祝北京奥运会胜利召开。

张全通介绍，自己已经连续 40 多年没有生病，甚至连常见的感冒都没有。他是怎么做到的呢？原来，张全通从 31 岁开始，每天坚持慢跑两公里，游泳半个小时，即使是冬天也不例外。"只要海水没有结冰，再冷我都不怕，别人穿着棉袄，我只穿一条泳裤，到海边就跳下去。"坚持锻炼带来的回报就是他的身体素质和形象，要比同龄人年轻 20 岁。

巴菲特绝大部分的资产是 50 岁之后赚到的，如果巴菲特在 50 岁就去世了，他那些惊人的财富何从谈起？世界上还会有几个人知道他？现在巴菲特已经 92 岁高龄了，依然活跃在投资一线。

坚持锻炼方能享受到健康复利，而健康复利是实现长期投资、享受财富复利的前提和基础。

五、财富复利

1990 年，吴晓波从复旦大学毕业参加工作，成为新华社的财经记者。那个时候，他的月薪是 70 元。1996 年，吴晓波开始写他的第一本书《农民创世纪》。《时代周报》曾报道，10 多年来，吴晓波坚持每年用稿费买一套房子。原因是吴晓波有着自己的财经史观，他认为中国的土地最值钱，且土地价格一直处在上升通道中。早在 2008 年，吴晓波就已购置了 10 套房。那个时候，中国房地产市场还没有那么火爆，价格低迷，买房并不很难。吴晓波表示："我买10套房子并不算多，应该再多买一些，毕竟早些年买套房子还比较轻松。"

1998年，千岛湖有一批岛屿对外出租50年的租赁权。当时年仅30岁的吴晓波一次性付款买下了其中一个面积140多亩（9万多平方米）的半岛。当时政府要求岛上必须种上经济作物，于是吴晓波买下半岛后，便大范围种植杨梅树。这在2015年，还为吴晓波创下了一笔收入。当年6月吴晓波宣布，开始卖出从该岛采摘杨梅制造而成的杨梅酒——吴酒。据悉，当时售价199元／瓶的5000瓶吴酒上线后，在33个小时内即被迅速抢光，吴晓波入账近百万元。如今，这座半岛成了千岛湖最著名的农业示范基地，估价已经达到了数千万元。

吴晓波就是财富复利思维的践行者，在有限的时间里，把有限的精力和财富，持续而反复地投入某一领域（房地产）中，长期坚持，最终财富的雪球越滚越大，实现了自己的财务自由。

财富的复利是最常见的复利形式。历史上和现实中的无数案例告诉我们，要实现财富复利，复利三要素都在发挥着重要作用。而利用复利力量成就财富梦想的人都具有以下几个品质：

（一）价值观

价值观是人们认识事物、辨别是非的一种思维或取向，是指导行动的原则。如果我们认为财富的增长是一个爆炸性的过程，我们就会投机、赌博、赚快钱，追求一夜暴富，在股市上追涨杀跌，跟风豪赌。如果我们认为财富的增长是一个滚雪球的过程，我们就信仰价值投资、长期投资，追求复利增长。

（二）目标感

不是任何方向的选择都能带来财富的复利增长，恰恰相反，只有选对了方向和投资标的才能实现滚雪球。投资是选择的艺术。投资不仅仅是选择行业，也是资产配置和布局时点的选择。同时，要做到不畏浮云遮望眼，在遇到任何困难的时候都能够坚定朝这个方向走下去，才能享受复利带来的红利。

（三）意志力

在财富积累和投资上，往往会存在一个临界点，一旦这个临界点被突破，就能迎来复利效应的爆发。在财富复利增长过程中，会有很多挑战，比如无法面对财富的波动，无法承受时间的煎熬，无法面对周围世界的诱惑，等等。人的天性是容易被周围环境影响的，朝三暮四，见异思迁，半途而废，三天打鱼两天晒网，这些都是常见的弊病，而这些弊病正是复利增长的大敌。实际上，时间是最伟大的法师，能够把不可能变成可能。投资也是等待的艺术，投资的最高境界就是等待，尤其是那些能够带来资产性持续收入的中长期理财。

第三节　负复利

16岁的巴菲特迷上了赛马，他通过父亲将国会图书馆中所有和赛马预测有关的几百本书都借出来学习和研究。在赛马游戏中，巴菲特只在独赢赔率很高的时候才下大赌注，但有一次，他在第一轮比赛中就输了，可他没有就此放下马上回家。他不停地下注，又不停地输，直到他输的钱超过了175美元——差不多输了个精光。

巴菲特说："我在回家的路上去了便利店，给自己点了他们能提供的最大份圣代冰激凌，花掉了我剩下的所有钱，我一边吃一边算，我得送多少份报纸才能把我输掉的钱挣回来？而我损失掉这些钱是因为一些愚蠢的原因。那是我最后一次做这样的事。"

巴菲特的经历告诉我们：在投资（投机）中一旦进入亏损的轨道，就很难翻盘。我们一直追求的是正复利，但实际情况是，我们现实中还存在很多复利的陷阱和"谎言"。

从复利公式 F=P（1+i）×n 中，我们可以看出，从数学上和理论上看，这个公式没有任何问题，但是现实中：

在理想状态下，i 应该是一个很大的正数。利率可能是一个飘忽不定的数，它在某个周期内可能很高，也可能很低，甚至是一个负数。

在理想状态下，n 也应该是一个很大的正数。我们都幻想自己能够和巴菲特一样，在数十年里获取 20% 的年复合增长率。但是理想很丰满，现实很骨感，在很多人那里，因为无法坚持等各种原因，n 无法达到一个大数值，无法形成一个可观的复利效应。

在某些情况下，很不幸，当 i 成为一个负数的时候，那么在原本设定好的增长轨道上，我们的终值 F 会开上历史的倒车，变得越来越小。

在学习、健康中，我们每天退步一点点，如复一日，我们就会变成毫无价值的"废柴"。

在生活、职场中，选择了一个错误的方向，越努力，就会离目标越远。

在证券市场中，我们每天亏损一点点，长此以往，我们的财富就会"烟飞云散"。

在理财中，因为通货膨胀等原因，如果收益率无法对冲通胀率，那么我们的财富就会被通胀悄悄偷走。

即使没有出现持续负复利的情况，只要出现一次亏损，那么整个复利进程就会受到严重的影响。

如果我们有一个理财产品，正常情况下能够以 12% 的利率持续增值，那么 15 年后，将会是一个巨大的数字。

但是如果中途出现了一次亏损，那么要将复利进程恢复到原有的水平，将是一件很困难的事。

表2-2 一次亏损前后的账户金额变化

投资年限	年收益率	账户金额
1	12%	11200.00
2	12%	12544.00
3	12%	14049.28
4	12%	15735.19
5	12%	17623.41
6	12%	19738.22
7	12%	22106.81
8	-30%	15474.77
9	12%	17331.74
10	12%	19411.55
11	12%	21740.94
12	12%	24349.85
13	12%	27271.83
14	12%	30544.45
15	12%	34209.78

如上表所示，这个复利进程进行到第8年的时候，出现了一个收益率的骤然下降，对账户金额产生了重大冲击，直到四年之后才恢复元气。

在股票投资中，1万元的股票迎来10%的涨停，变成1.1万元，但如果这个时候遭遇了一个10%的跌停，就变成了9900元。风险和收益是不对称的。

对于复利而言，时间不仅仅是朋友，还经常会以敌人的身份出现。"连续性""均匀性""非对称"，就是负复利的根源。

巴菲特能够获得20%以上的收益，不仅仅因为他高超的投资技艺，很重要的一个原因就是拥有当时美国这个高度市场化且稳定增长的经济环境，以及巴菲特从旗下保险公司获取的源源不断的现金流。

复利不仅仅是一个理财上的概念，更是世界的一个本质。坚持做一件正确的事，日积月累，就会变得非常强大。如果坚持做一个错误的事，就会在错误的道路上越走越远。

实际上在现实中，存在两个不同的世界，一个是正确的世界，一个是错误的世界，但这两个世界是不对称的，错误的世界要比正确的世界大得多，把一件事情做正确的办法很少，但把它搞砸的路径却有很多也很容易。这是由世界的秩序决定的，虽然我们每个人都想着把自己变得更好，但世界上却一直有一股力量使劲儿把我们往坏处拉拽——比如，让人变得懒惰，让人变得堕落，让人难以坚持做一件事，让人及时行乐放飞自我，让人投机取巧幻想一夜暴富，等等。

复利是一个考验人性的过程，能够坚持复利增长是一个成功地克服熵增的过程。

熵是什么？熵的概念，是由德国物理学家克劳修斯于1865年提出的。熵，最初是用来描述"能量退化"的物质状态参数之一，在热力学中有广泛的应用，泛指某些物质系统状态的一种量度，某些物质系统状态可能出现的程度，亦被社会科学用以借喻人类社会某些状态的程度。其基本含义是：在一个封闭系统内，熵的增加是一个不可逆过程，总熵变总是大于零，但最终达到熵的最大状态，也就是系统的最混乱无序状态。

有人说，熵增定律是宇宙中最让人绝望的物理定律，因为它预示了一切事物最终都将走向消亡。无论是个人、家庭、企业，还是社会、国家，都有一种变得更加无序、混乱的自然倾向。

为了减缓这种倾向，人们提出了一个叫作熵减的方案——通过各种手段延缓熵增。

1998年给亚马逊股东的信中，贝佐斯说道："我们要反抗熵增。"彼得·德鲁克也曾说："管理就是要做一件事情，就是如何对抗熵增。"华为创始人任正非在《熵减：华为活力之源》的序言中写道："熵减的过程十分痛苦，十分痛苦呀！但结果都是光明的。从小就不学习、不努力，熵增的结果是痛苦的。我想重来一次，但没有来生。人和自然界，因为都有能量转换，才能增加势能，才使人类社会这么美好。"

因此，复利既是一个理想状态，也是一个现实状态。这需要我们：

第一，在正确的道路上坚持做一件事；

第二，要能接受收益率的波动；

第三，要时刻审视自己的道路，如果发现走错了，要在第一时间内纠正；

第四，如果遭遇了损失，要在第一时间打出无记忆的牌——重新上路，坚持前行。

第四节　复利模型

复利是世界的本质，也是投资者必须理解的一种理念、方法。如何真正把复利的思想用到工作、生活和投资中呢？

为了将复利的思想理念真正用起来，这里建立了一个复利模型。

第一步：找到一组关于目标与行动的因果关系。

这个因果关系就是杠杆原理中的支点，拥有了支点，这个因果关系就成立了。首先，找出一个目标，比如，瘦身10斤，写作一万字，等等。

比如，刘畊宏最近非常火爆，他免费教授网友跳健身操，这些健身操能带来大量粉丝，在2022年4月底粉丝数量已经超过5000万，这个因果关系就是，免费健身操课程A导致大量粉丝B。

第二步：实现增强回路。

在A导致B的时候，让B也能增强A。

刘畊宏的粉丝大增，扩大了流量，实现了变现，不管是从精神层面还是物质层面，都会促进刘畊宏提供更加优质的健身操课程。

知名商业顾问刘润结合自身实践阐述了一个飞轮效应，他通过长期输出专业的商业评论，吸引了大量粉丝，这些粉丝又给他提供了大量知识积累，使得他能够在商业顾问道路上实现了增强回路。

以"飞轮效应"著称的亚马逊，其电商业务飞轮由这样几个要素构成：客户体验、客户流量、卖家、低成本结构、更低价格、商品选择。

亚马逊从最推崇的客户体验开始发力，客户体验的提升，会促进流量和购买量的增长；更多的购买量又提高了采购能力，可以降低价格，同时吸引更多卖家入驻；更低的价格，更多的商品选择，又会推动客户体验的提升。

就这样，这几个要素形成了一个"增强回路"，互相推动，形成正向循环。

正是凭借飞轮效应，亚马逊的业务一直保持着高速增长，这几年"飞轮"更是越转越快。"亚马逊飞轮"因此也成为飞轮效应在商业领域最成功的案例之一。

全球流媒体巨头网飞（Netflix）的商业模式，就是尽可能丰富内容库，当丰富程度达到一定阈值后，内容投入的边际成本增速放缓，来自用户的收入能维持更高的增速，由此带动公司越过经营拐点，规模经济即显现。

另一方面，不断推动作品的高认可度，既能够吸引用户和资本，又能够引起行业顶尖人才不断向内容平台集聚，从而筑成更为牢不可破的"内容壁垒"。

中国的网约车巨头滴滴，创业伊始的一个大动作就是大量"烧钱"。通过"烧钱"，用户量起来之后，收入增加，推动企业投入更多资金开拓市场，形成良性循环，网约车市场因此日渐完善。

搜索网站百度公司在推广其搜索产品时，铺天盖地的广告语就是"百度一下，你就知道"，这个广告推动了越来越多的人使用百度，用的人越来越多，推动百度的技术不断迭代升级，成就了百度成为搜索领域的领养羊。

而作为线下商业的商场，首先有足够多的商家，才会吸引越来越多的用户，用户越多，商家越聚集；商家越聚集，客流量越大，形成良好的商业闭环。

复利的一个最重要的特征就是"收益持续增长"这一飞轮的转动，实现增强回路。

第三步：重复与耐心。

找到了 A 和 B 的增强闭环，并不能保证实现复利效应，原因在于，这个增强闭环在开始时进展可能是非常缓慢而微小的，甚至可能会被忽略掉。

有两个词叫作，日拱一卒，功不唐捐。在增强回路的过程中，首先应该发现这个效应，此后最重要的就是坚持下去，直到某个爆发点的出现。

复利要真正发挥威力，是离不开时间这个催化剂的。《从 0 到 1》的作者彼得·蒂尔当年做 Paypal 的商业计划书的时候，清楚地知道，按照计划，Paypal 90% 以上的收入来自第 19 年。红牛饮料，用了八年时间将销售额从 0 做到 10 亿元，从 10 亿元到 100 亿元也用了八年，前 100 亿元用了 16 年，但从 100 亿元到 200 亿元，仅仅用了两年时间。

巴菲特的财富，99% 都是在 50 岁以后实现的。在 50 岁之前，他的财富进展非常缓慢。但是到了 50 岁之后，他实现了财富的爆发式增长。

巴菲特在 2006 年《致股东的信》中举了这样一个例子：从 1900 年 1 月 1 日至 1999 年 12 月 31 日，道琼斯指数从 65.73 点涨到了 11497.12 点，足足增长了 176 倍，这是一个非常巨大的数字，但是，它的年复合增长率才仅仅是 5.3%。这个例子说明，只有坚持，才能实现爆炸式的增长。

因此，要实现复利，就必须不断重复，耐心等待。

以上就是复利模型，做到以上三步，一个复利进程就启动了。

第三章
长期主义

明天股价涨或者跌,世界上只有两个人知道:一个是上帝,另一个是骗子。

——华尔街名言

第一节　真正的长期主义

我们设想一下，阿尔卑斯山上的雪球，在刚向下滚动的时候就被一块石头挡住了去路，或者滚落到半山腰的时候掉入了沟壑之中，莱帕德和安希尔还能见证最后那个惊天动地的奇迹吗？

显然不可能。因为，雪球只有长时间滚动，才能越滚越大。

雪球在被石块挡住或者掉入沟壑的时候，如果没有外力帮助它继续往下滚，那它很可能就在阳光的照射下慢慢融化，结束了它的生命旅程。但是，如果莱帕德一直在关注着这枚雪球，当它被石块挡住，或者掉入沟壑，或者速度变慢的时候，能够助它一臂之力，帮助它重新向下滚落，那么它就能持续地、长时间地向下滚落。

从长期来看，虽然这枚雪球中间出现了很多坎坷，经历了许多波折，但是最终却收获了远远超出预期的成果。

这就是长期主义的胜利——能够熨平波动，能够穿越周期，能够凸显这个投资标的的真正价值。

巴菲特的老师菲利普·费雪说："从20世纪30年代的两只股票开始，我总共发现过14只核心股票，这是一个很小的数目。但是，这么多年里它们为我赚了很多钱，其中最少的都有七倍的投资回报，最多的收益甚至能达到几千倍。我还买过50～60只其他股票，它们都让我赚了钱。当然，我也亏过钱，有两次投资缩水过50%，还有很多次损失10%的经历，这其实就是做投资生意的成本。然而，大多数的情况是，一只股票温和地下跌后，我会买入更多，最后它还是给我带来了巨大的回报。但是，这些例子和那14只赚大钱的股票相比起来实在是没有什么好说的。我持有它们的周期都很长，最短的都有 8～9 年，最长的有 30 年。我不喜欢把时间浪费到赚许多次小钱上面，我需要的是巨大的回报，为此我愿意等待。"

杜邦、陶氏化学、纽柯钢铁、惠普电脑这些著名的公司都是费雪长期持有的核心股。费雪的投资体现了长期主义的价值。

长期主义，是滚雪球的核心要义，也是巴菲特投资理念的核心底层逻辑。

巴菲特会持续 60 年观察一家保险公司，会用长达 40 年的时间从调研到参股、最后全资控股 Geico 保险。所以他一再强调，如果你没有持有一家公司股票 10 年以上的预期，就不要持有它 10 分钟，甚至根本不要买它。

很多股票，巴菲特在买入之后很长时间都是亏损的。有些股票在很多年之后才真正盈利，但是不影响这些股票为巴菲特贡献了巨额利润。

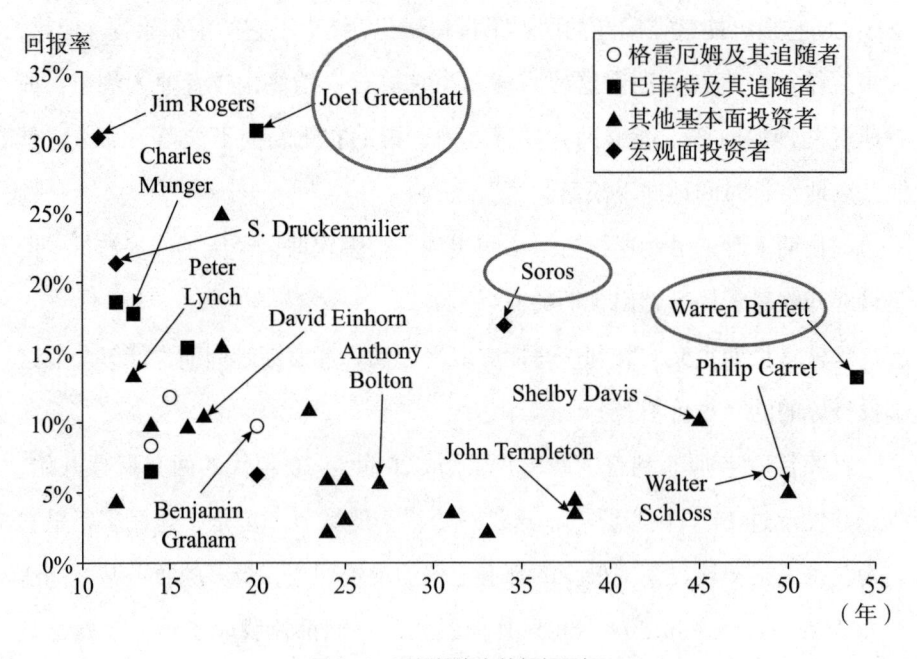

图 3-1　顶级投资者的超额回报

上图是顶级投资者相对标普 500 指数的超额回报（包括股息再投资），可以看到，巴菲特并不是持续 10 年以上投资的大师中超额收益率最高的，但是他的投资时间最长（超过 50 年），加上他的超额收益率处于前列，因此他是最富有的。这就是长期主义的力量。

一、什么是长期主义

从1988年开始买入，巴菲特至今仍持有可口可乐，持有时长超过34年；从1989—2021年5月，巴菲特对富国银行的持有时间达31年；在2011年买入美国银行、万事达，以及2012年买入纽约梅隆银行，至今已有10年以上……巴菲特用自己的实际行动，证明了什么是真正的长期主义。

滚雪球，需要的是湿湿的雪和长长的坡。其中长长的坡就具有时间维度上的意义，意指在足够长的时间内，雪球才能滚到足够大。

何谓"长期主义（Long-termism）"？《牛津英语词典》的定义是：一种为了长期目标或结果而做决定的实践。践行这一实践的人自然就是长期主义者（Long-termist）。

高瓴资本创始人张磊对长期主义进行了精彩的论述，他在其《价值》一书中指出："在纷繁复杂的世界中，变化可能是唯一永恒的主题。究竟怎样才能在这样嘈杂的世界里，保持心灵的宁静？在搭建自己价值投资体系的过程中，我逐渐体会到，唯有'长期主义'才能让自己在乱世中收获一份安宁。把时间和信念融入能够长期产生价值的事情中，持续学习有效率的思维方式和行为标准。这是一条越走越不孤独的道路，长期主义不仅仅是价值投资应该遵循的内心法则，还可以成为重新看待这个世界的绝佳视角。于个人而言，长期主义是一种清醒剂，能够帮助我们建立理性的认知框架，不受短期诱惑和繁杂噪声的影响。于企业而言，长期主义是一种格局，可以帮助企业在不断创新、不断创造价值的过程中，重塑企业的动态护城河。于社会而言，长期主义是一种精神，可以聚集更多的社会力量，关注教育、医疗、健康、科学、人文，形成一个生生不息、持续发展的正向内循环。无论是个人、企业还是社会，只要把自己放在长期持久的维度上，所有的事情都将看清楚、想透彻，从而创造出属于自己的价值。坚持长期主义，做时间的朋友，这是一条越走越行稳致远的道路。"

张磊还说："流水不争先，争的是滔滔不绝。"足够长的时间，意味着必须用长期的视野来看待事物。这就是"长期主义"。

我们有些人过去 20 年一直热衷于挣快钱，上到企业家，中到投资人、基金经理，下到普通职场人士，鲜有接受慢慢变富的。

对应股市，很多人叫"炒股票"。对应楼市，人们一般说"炒房"。这个"炒"字非常传神——炒作，哄抬价格，高抛低吸，快进快出，追涨杀跌。

跟多数股民买股票、炒股票的出发点完全相反，巴菲特买入股票后不会频繁地调整，他买入股票是不愿意卖出的。巴菲特就是"慢慢变富"——实际上是以慢为快——的代表。为什么巴菲特要待在奥马哈那样一个小镇上，远离华尔街？不仅是他的个性使然，更大因素应该是，他想关注长期的事情，屏蔽掉短期的干扰。巴菲特所投资的公司是长周期的成功者。

当我们说"长期主义"的时候，究竟在说什么？本书认为，长期主义的基本含义就是用足够长的时间看待事物、作出决策并付诸实践。

与长期主义相对的，是机会主义、速成主义、及时享乐主义。

（一）机会主义

机会主义者没有固定的原则与态度，而专门利用各种机会以期达到目的。机会主义是投资中最常见的一种作风。

1. 股票炒作。

炒股不看基本面，不问公司实力、业绩或未来发展，只看题材、概念，随大流。A 股在 2005 年达到一个上涨高潮，无数投机者卖掉房子加仓炒股，刚开始赚了不少钱，但结果变成"负翁"。

2. 基金炒作。

从"散户热"变成"基民潮"后，从热炒个股到追捧网红基金经理后，更加增大了赛道的拥挤和板块轮动的频率，羊群效应由此被放大。

3. 比特币炒作。

早期便宜的时候没有进场，等到价格高企的时候匆忙入场，结果在高位上"站岗"，成为接盘者。或者在早期买入，在价格仅有小幅上涨时就拿不住，匆忙卖出。二者皆堪称失败。

4. 房产炒作。

借钱加杠杆，结果房产砸在自己手里。自 2020 年以来，不少地区房产价格已经下跌 20%～30%，市场进入低迷状态，房产投资变成投机。

机会主义的表现是，快进快出，火中取栗，坚信自己不是最后一棒，坚信自己跑得比别人快。但不论哪一种投资方式，机会主义者其实从未真正搞懂过。

（二）速成主义

1995 年，山东秦池酒厂夺得中央电视台黄金时段广告"标王"，一夜成名，当年销售额增长五倍以上。1996 年，秦池酒厂再夺"标王"，一时间订单突飞猛进，但"没有金刚钻别揽瓷器活"，由于不能按时交出这么多的订单，酒厂也没有革新技术，使得爆红之后的酒厂一落千丈，名气受损严重，引起大家对秦池的质疑和不信任，市场形势开始全面恶化，最后酒厂没落。这个就是速成主义带来的严重后果。

在投资中，对于好公司，时间拉长五年，甚至 10 年来看，可能什么时候买都是对的，但是对于大多数人来说，他们要的是一个月、三个月、半年、一年的稳定收益，三五年对他们来说太虚无缥缈了，他们需要立竿见影，今天买入，恨不得今天就赚钱。

速成主义就是速战速决，毕其功于一役，却很容易陷入杀鸡取卵、竭泽而渔的绝境。

（三）及时享乐主义

很多去过非洲的人都认为那里一些国家的居民非常懒惰。这些人刚拿到一个月工资，马上会离开半个月，钱花光了再回来；给他发一周工资，他也会马上消失三天。在埃塞俄比亚，很多当地人喜欢吃火锅，但是一顿火锅要几百元，这相当于当地人一个月的收入，但很多人赚了一个月的钱，就会选择来吃一顿火锅。

非洲土地非常肥沃，但相比春天种、秋天收这种漫长的等待，当地人更愿意把种子吃掉。这是因为，等待意味着不确定性，有战乱、有洪水，等等。

环境和贫穷造成了部分非洲人只看眼前的短线思维，但短视是我们整个人类的本能。现在一些"90后""00后"，工资花完后，隔三岔五找人借钱，宁愿饿肚子也要换一个智能手机，而不会把钱用来投资自己，提升自己。

这就是及时享乐主义。

机会主义、速成主义、及时享乐主义，在决策与行动上都着眼于短时间周期甚至眼前，都是长期主义的大敌。

二、长期主义的内涵

（一）选择正确方向

要成为一个成功的长期主义者，就必须洞悉事物发展规律，看穿事物发展脉络，选择正确的前进方向。如果一个长期主义者选错了方向，时间越长，结果越糟，所谓差之毫厘、谬以千里。如果你坐在一架从洛杉矶到纽约的飞机上，飞行员把飞行方向调整了3.5度。那么这架飞机最终将降落在华盛顿，而不是纽约。

一个成功的长期主义者，首先就应该成为一个伟大的预言家，正确判断未来的方向。但这种正确的方向，并不一定是精确的正确，而是模糊的正确。马斯克因为看好人类发展清洁能源和探索太空的大方向，因此投资了特斯拉、SpaceX。巴菲特看好高技术消费品对于人类生活方式的改变，因此投资苹果。段永平因为看好互联网平台巨头的商业模式的巨大优势，因此投资腾讯。选择模糊的正确，意味着对人类社会发展和生活方式变迁的大方向有正确的判断，只有在大方向正确的前提之下，才能有真正的长期主义。

（二）长期理念

长期理念认为事物充满不确定性，发现事物的本质需要足够长的时间，价值的产出需要足够长的时间。

陈春花在《价值共生：数字化时代的组织管理》中提出："长期主义之所以作为最后一个关键认知，是因为无数的事实证明，只有长期主义才能超越危机。外部环境是不确定的，所以最重要的是自己要笃定，因为在不确定性中寻求稳定性需要依赖稳定的价值观，也就是长期主义价值观。长期主义价值观旨在追求最基本的价值、人本性的善良与真诚，推动人类社会进步，增强人类的福祉，这些是可以穿透时间、超越危机的。"

不确定性充斥这个世界，特别是最近几年来，"黑天鹅"漫天飞舞。我们无法预测股票每一天的涨跌——当然有人会说，"我会根据某个内幕消息预测股票的涨跌"——但这种预测即使成功也是一种赌博，它逃不开"久赌必输"的魔咒。短期判断宏观经济、股市、公司股价都是超高难度的决策，和掷硬币、掷骰子是一样的，几乎没有成功的可能性，在这方面经济学家和普通人没有什么区别，虽然他给你讲出一堆模型，但也是掷硬币碰运气。

假设你在拉斯维加斯的赌场，正在玩一个掷骰子的赌博游戏。规则是这样的：荷官投掷骰子，每个骰子的点数都对应 100 万美元，投掷出 1 点就是 100 万，投掷出 6 点就是 600 万。你押对点数，就得相应的钱；押错点数，就扣除点数相应的钱。

比如，你押这局会出 4 点，但是打开之后是 1 点，你就赔了 100 万。但是如果你押 6 点，打开也是 6 点，你就会赚 600 万。

问题来了：如果荷官已经连续六次没有掷出 6 点了。你愿意在下一次押 6 点吗？如果押对，就有 600 万，押错就赔 600 万。

有些人凭直觉会觉得下次出 6 点的概率更大，但实际情况是：不管荷官之前投掷出几次 6 点，他下一次开 6 点的概率永远都是 1/6。

我们生活的本质就像掷骰子，可能第一次、第二次、第三次都能掷出 3 点，但从第四次以后，很可能就会是其他点数，从长期来说，每一种点数出现的概率接近相同，都是 1/6。如果要发现事物的本质，就应该在足够多次数的考验之后才能获取。

这对于投资者而言，如果我们认为自己投资的是企业，成为企业的股东，那么我们应该耐心等待企业的发展带来的红利和股价的提升。因为企业的发展并不是一蹴而就的，它的竞争力、占有率、"护城河"通常需要长时间才能形成，它的投资价值因此需要长时间才能凸显。

在股东大会上，有人问芒格："去年您说希望持有更多的苹果股票，现在苹果的股价跌了很多。您认为苹果的'护城河'和竞争优势是什么？苹果的股价为什么会下跌？"

芒格回答说："我不知道苹果的股票为什么涨、为什么跌。凭我对苹果公司的了解，我知道自己为什么看好这家公司，但是我不知道它的股价最近为什么涨跌。我们有个秘诀是——我们不求知道很多。"

芒格为何如此自信，以至于不顾股票为何涨跌，却一直坚定地持有？根源在于，芒格相信并投资于苹果公司的长期价值，而不是短期的价格的涨跌。

我们来看看一组数据，说明从长期来看，股价是如何最终体现企业经营业绩的。

贵州茅台，2001年净利润为3.28亿元，2017年净利润为270.79亿元，年复合增长31.76%。2001年，其开盘价为34.51元；2017年年底，其股价为4125.86元（后复权，下同），股价年复合上涨34.85%。

五粮液，2001年净利润为8.11亿元，2017年净利润为96.7亿元，年复合增长16.75%。2001年年初，其股价为60.65元；2017年年底，其股价为1321.00元，股价年复合上涨21.24%。

格力电器，2001年净利润为2.73亿元，2017年净利润为224亿元，年复合增长31.71%。2001年，其开盘价为75.36元；2017年年底，其股价为6567.62元，股价年复合上涨32.21%。

云南白药，2001年净利润为7514万元，2017年净利润为31.45亿元，年复合增长26.29%。2001年年初，其开盘价为48.92元；2017年年底，其股价为1893.60元，股价年复合上涨25.67%。

伊利股份，2001年净利润为1.20亿元，2017年净利润为60亿元，年复合增长27.70%。2001年年初，其开盘价为76.52元；2017年年底，其股价为3151.56元，股价年复合上涨26.17%。

福耀玻璃，2001年净利润为1.52亿元，2017年净利润为31.49亿元，年复合增长20.86%。2001年年初，其开盘价为29.71元；2017年年底，其股价为345.03元，股价年复合上涨16.56%。

优秀公司也难以避免股价下跌甚至摔到地板上的现象，但是从长期而言，这些优秀公司的股价都会回归价值，这就是"滚雪球"必须秉持的长期理念。

（三）从长计议

股票的投资期限，可以设定为一年、三年、五年，或者是10年，或者更多，或者更少。但如果要做一名成功的长期主义者，那就应该从长计议。巴菲特说，如果不打算持有一只股票10年，那你10分钟也不要持有。人生的选择，如配偶的选择，则要从未来五六十年的长周期去考虑。

成立于1995年的亚马逊于1997年在纳斯达克上市。也是从这年开始，创始人贝佐斯开始给股东们写信，每年一封。在第一封信中，他写道："一切围绕长期价值展开，我们会继续面向长期做出决策，而不是短期的股票收益。"

贝索斯要求自己的员工不要只看未来两三年的事情，而是要看到五年、七年以后的事情，他说："自己公司本季度的良好业绩是三年前的努力和决策决定的，如果你能这样思考，会影响你付出时间的方式、怎样计划和如何分配精力，你的能力将有所进步，很多事都能更完善。长期主义是一种需要自我训练的纪律。"

贝佐斯曾说："如果你做一件事，把眼光放到未来三年，和你同台竞技的人很多；但如果你的目光能放到未来七年，那么可以和你竞争的人就很少了。因为很少有公司愿意做那么长远的打算。"

贝佐斯在创办亚马逊时，选择从网上书店这个很垂直的细分领域切入。亚马逊做书店之前，美国最大的书店是发迹于纽约第五大道的巴诺书店（Barnes & Noble）。从20世纪80年代末至90年代末，巴诺书店在全美大规模扩张，10年间新开出400多家"超级书店"，最多的时候有超过1000家实体店、四万余名员工。

因为亚马逊属于在线书店，在创办初期，贝佐斯和员工需要把书打包，然后自己送到邮局寄送。经过艰辛的突围，亚马逊把实体书店颠覆了。

但是，贝佐斯远没有满足，他还要让亚马逊不断进化，从进军零售业到成为全球最大的云服务提供商，再到智能家居、视频流媒体领域，其商业版图没有边界。

而支撑这些的，是贝佐斯的长期主义理念。在他的所有信念中，"消费者为中心"是长期的选择，也是一种精神力。

任正非在接受采访时说，华为再困难也要考虑长远发展，要投资未来，比如华为鸿蒙系统，是早在2012年华为考虑到谷歌如果对其断供的风险后就开始布局了，这是任正非的长期主义。

张磊说："机会主义者往往重视一时的成功，会给由运气或偶然因素造成的机遇赋予很大的权重，结果影响了自己的认知和判断。而长期主义者能够意识到，现有的优势都是可以被颠覆的，技术创新也都是有周期的。因此，长期主义者要做的就是不断地设想'企业的核心竞争力是什么，每天所做的工作是在增加核心竞争力还是在消耗核心竞争力'，且每天都问自己这两个问题。"

这就是对长期主义的解释。

然而，并不是所有人都认同长期主义的理念。

2013年诺贝尔经济学奖获得者，全球引用率最高的经济学家之一，金融经济学领域的思想家尤金·法玛接受德国金融网站 The Market 的采访时，就"巴菲特对于新手的借鉴意义如何"这个问题，表示："真正的问题是，你是如何选出巴菲特作为标杆的。你选择他，是因为一个简单的事实，那就是他过去做得不错。现在，我对10万名投资者说，大家做投资30年，然后选出优胜者。这相当于扔了无数次骰子，即使他们中间没有特别突出和特别糟糕的投资者，也会因为运气的成分让很多投资者做得好，有很多投资者表现糟糕。从统计学意义上讲，这也会产生一个大赢家，这全是运气使然。换句话说，总会有特别好的结果和特别差的表现出现，但是你不能很明确地区分谁是因为运气，谁是技术高明。""如果是50年前，你看到他就能确定——他就是战胜市场的人。那么，我相信你能够辨别什么人是投资天才。但是，你不可能在50年前看到这一点，这是一个统计概率的问题。"

对此，巴菲特非常在意。很多年来，巴菲特和芒格总是在公开场合抨击学院派的有效市场理论和现代投资组合，他们认为，阿尔法、贝塔的话都是一派胡言，毫无价值；做投资，只要遵从价值投资理论，就能取得超越市场的显著业绩，如果不这样做，就不如购买指数基金，那些追涨杀跌、短期博弈进行投资的基金经理，只不过是在忽悠管理费和提成罢了。

早在1984年，在哥伦比亚大学纪念格雷厄姆与多德合著的《证券分析》出版50周年的庆祝活动中，巴菲特作了名为《伟大投资者格雷厄姆和多德维尔》的主题演讲。当年，在格雷厄姆于哥伦比亚大学开设的投资学课程中，巴菲特是唯一一位获得"A+"的学生。在演讲中，巴菲特列举了九位隶属于"格雷厄姆与多德部落"的投资人，并指出他们能以不同的方式长期击败标普500指数的原因：基于价值来选择股票，购买的是企业而非股票。巴菲特在演讲中指出，来自"格雷厄姆与多德部落"的投资者的共同特点是：寻找企业整体的价值与代表该企业一小部分权益的股票市场价格之间的差异。价值大大超出价格，就会形成安全边际。有了安全边际，你可以毫不在意一些理论家所强调的到底该周一还是周二买进，到底是7月份还是8月份买进。这无疑证明了价值投资、长期投资的重要意义，体现了滚雪球的巨大力量。

全球顶尖的对冲基金AQR资本的安德里亚·弗拉奇尼等人撰写的《巴菲特的阿尔法》的论文，得到了广泛的关注，他们将巴菲特价值投资策略带来的超额收益，使用六因子模型对巴菲特的阿尔法进行归因，最后将出色的回报归结为便宜、低风险和高质量三种因素共同作用的结果，证明了巴菲特的成功不是因为运气，而是因为他从长计议的杰出能力，证明了价值投资理论的有效性。

尤金·法玛于1970年提出有效市场假说。所谓有效市场是指，"在一个市场当中，如果无法通过利用某一信息集合来形成买卖决策以赚取超过正常水平的利润，那么该市场对这组特定的信息集合是有效的"。这个学说认为，股票价格是市场上有关公司的所有可用信息的真实反馈，投资者并不能以投资不同股票的方式来获得比市场指数更高的收益。巴菲特对此并不赞同，他和格雷厄姆的其他弟子们，按照格雷厄姆所传授的基本面信息投资分析策略进行投资，大多成功地获得了超过市场指数基金的收益。

这其实是用了贝叶斯定理。贝叶斯定理研究的是概率这种数学问题，描述的是当信息的有效性不能确定时，人们在根据不确定性信息作出分析和决策的过程中是如何计算各种可能出现的结论的概率的。我们不需要深究贝叶斯定理具体是如何进行计算的，只需要知道它的逻辑：根据已知的信息和发展状态推测未知事件的发生概率，并不断根据新出现的信息，适时调整相关结论的概率。

巴菲特对贝叶斯定理的运用到了完美的程度。巴菲特对一个股票的投资不是一蹴而就的，而是一个循序渐进的过程。他如果发现一个公司虽然因为各种原因造成股价低迷，但是它的品牌和市场影响力还在，且拥有"护城河"，那么就可以判定这个公司还具有一定的价值。他通过进一步地深入了解，如果这个公司的管理层是勤勉、有远见和可靠的，那么就可以给这个公司再加上不少的分数。巴菲特还发现这个公司在股价低迷的时候在不断地回购股票，体现了大股东和管理层对于公司发展的信心，那么基本上就可以判定这个公司是一家值得投资的公司。

但是，金融市场中还存在一些"噪声"，这个"噪声"指的是"虚假的或者失真的消息，是一种与投资价值无关的消息，这种消息可能是市场参与者主动创造的，也可能是市场参与者判断失误造成的"。这种噪声可能导致市场参与者作出不正确的判断，从而造成投资的损失。

用贝叶斯定理来解释，当能够证明一家公司是一个好公司的噪声越来越多，那么这家公司股票上涨的概率越小，下跌的概率越大。

行为金融学鼻祖、诺奖得主丹尼尔卡尼曼认为："只要做判断，就会有噪声，而且比你想象的要多得多。"他在2021年出版的《噪声》一书中提出："之所以我们常常会作出糟糕的决策，都源于忽略了噪声对决策的影响。噪声是随机的，但却是致命的。""很多人都认为多数时候自己是对的，但我们需要知道自己的决策是有噪声、存在偏差的，那么在做决策时就需要多一些谦卑,更加细致和审慎。"

对此,巴菲特建议要独立思考:"任何宣称能清楚预见未来的人都很可疑,思考是绝对不能外包的。"

以长远的目光来分析研判,从长计议,等待价值凸显、回归,这是财富滚雪球的重要前提。

(四)长期持有

谈恋爱的人会问:"永远有多远?"

做投资的人会问:"长期主义是多长?"

5年、10年,还是20年?这些答案都不对。即使把时间拉到100年、500年、1000年,是不是就是长期了?但这个答案依然是错的。因为"长期"的单位不是"年份",而是足够长。

全球投资之父、史上最成功的基金经理约翰·邓普顿一生持股的时间平均达到四年。四年,这对于A股投资者来说要求确实过高了,但如果投资者在底部布局优质的股票或者基金,长期坚持,大概率将有所斩获。

本书认为,长期持有的一个巨大优势是能足够熨平波动。任何一个投资标的都会有风险,这个风险体现在其价格的波动上。从整体而言,市场短期波动是随机性的。但如果时间拉长,股市的长期收益取决于权益市场趋势和公司发展的内在逻辑,短期、随机的波动并不影响市场大逻辑。

这个波动可能是上涨,也可能是下跌,而且上涨和下跌的时间会很长,但只要我们相信这些上涨和下跌都是围绕投资标的的价值来展开的,那么我们就应该用足够熨平这些波动的时间来进行等待,直到我们能够忽略、跨越这些波动,实现投资的预期收益为止。

长期持有的另一个优势是足以穿越周期。这些周期是企业规模、经营业绩在企业发展过程中的变化,是产业高潮、低潮和阵痛的轮回。也可能是宏观经济周期的变化,例如基钦周期——是一个短期的经济周期,由英国经济学家基钦提出来的三年的经济周期；朱格拉周期——是一个中期的周期，由法国经济学家朱格拉提出来的为期10年左右的经济周期；康波周期——是一个长期的周期，由俄国经济学家康德拉季耶夫提出的一种为期50～60年的经济周期。虽然我们作为人类投资者来说，几乎不能实现穿越康波周期，但穿越10年左右的投资比比皆是，而巴菲特就是典型代表。

科技的进步、技术的迭代，并不是一蹴而就的。如果看准具体赛道，更需要用耐心给它成长的空间。顺应时代潮流，把握产业变迁，坚持投资未来会变得更好的生意。

长期主义关注企业内在价值的长期性和"护城河"，市场价格和企业内在价值会背离，所以这个时候就要忽略市场价格的噪音。

巴菲特在1988年的年度公开信中写道："1988年，我们大量购买了联邦住房抵押贷款和可口可乐。我们希望长期持有这些证券。""事实上，当我们持有拥有优秀管理层的优秀企业的部分股权时，我们最喜欢的持股期限是永远。我们正好与那些在公司表现良好时急于卖出并计入利润的人相反……"

巴菲特在1951年21岁的时候，就知道格雷厄姆是Geico公司的董事长，他就非常好奇，于是独自参观了这家保险公司。当时巴菲特把所有的资产共计一万美金买了Geico的股票，一年赚了50%。直到1976年，巴菲特开始批量购买这家公司的股票，斥资4570万美元购买了公司1/3股权，再到1996年以23亿美元完成全资收购，中间历时40年。这是长期主义的典型案例。

2022年3月21日，巴菲特以116亿美元收购了保险公司Alleghany，这是一家"迷你"版的伯克希尔，他跟踪了这家公司长达60年之久，直到伯克希尔的一名员工到Alleghany担任CEO以后，他才在一个偶然的机会下决定出手。

2021年第一季度，芒格入场抄底港股阿里巴巴。2021年第三季度、第四季度再次入场，尤其是2021年第四季度，他更是翻倍增持阿里巴巴。然而，阿里巴巴股票价格已经从大约 250 港元下降到 2022 年 5 月底的 80 港元。即便是专业投资者也会在短期内折戟，但是他们并不恐慌，长期价值才是坚守之义。

如果我们持有苹果、亚马逊、腾讯这些著名企业的股票，即使一开始每个股票都表现平平，但随着时间的推移，它们大概率会脱颖而出，出类拔萃，它们在足够长的时间里，股价一定会表现出它们的应有价值，这个过程，很可能就是"跌跌撞撞"上涨的过程。

（五）验证价值

1969 年，巴菲特的合伙投资公司成立 12 年之后，因为股市持续高涨，他决定关闭合伙人公司，但是其中的一些合伙人希望能与其他基金管理者继续合作，于是巴菲特邀请了同学兼好友的鲁安来管理他们的资金。

鲁安同意了，并成立了红杉基金。但当时不是一个好时机，鲁安和巴菲特都明白成立基金的时机不对，不过鲁安还是硬着头皮上了。

刚开始的几年，鲁安的处境确实很艰难，一直都跑输大盘指数。尽管他苦苦支撑，但并没有什么用。1970—1973 年，他连续四年分别跑输标普 500 指数 8、1、15、10 个百分点。

鲁安曾说，那几年他成了当之无愧的亏本大王，甚至一度躲在桌子下，不敢接投资人的电话。到 1974 年，红杉基金已经比市场落后了令人咋舌的 36 个百分点，若不是巴菲特的背书，可能投资人早撤资了。

但从 1974 年开始，红杉基金开始大放异彩，连续五年战胜大盘，分别达到 11%、23%、49%、27%、18%，实现大反转。到 1984 年，鲁安的红杉基金获得 15 年年化 18.2% 的收益率，平均每年跑赢指数 8.2 个百分点。1971—1997 年，与标准普尔 500 的 14.5% 的回报相比，红杉基金实现了平均年回报 19.6% 的业绩。

鲁安称：价值经常迟到，但从未缺席，只是有时缺席的时间有点久罢了。

对于长期主义者来说，投资是一项充满趣味的事业，最重要的原因是，长期持有投资标的是一个验证价值的过程。

在股票市场上，这个价值就是投资企业的真正价值。如果一个长期主义投资者认为这个价值没有体现到应有的股价上，那么，这个投资者就会选择坚持持有。

例如中国的著名投资人但斌，在贵州茅台上市早期就持有其股票，坚持长期持有，即使在股价已经不断创下历史新高的情况下，依然坚持，因为他认为这个股价还没有完全体现出贵州茅台的真正价值。事实上，这个股票为他带来了丰厚的回报，验证了他的一个判断。

中国有两句古话，"路遥知马力""疾风知草劲"。只有把时间拉长，投资者对自己的认知才是客观的，他才能弄懂：自己所谓的成功，哪部分靠的是运气，哪部分靠的是实力。

因为只有长期主义者，才能"必然"取得最后的成功；非长期主义者，只能得到"偶然"的成功，然后在一次次基本概率事件下，归于平庸。

（六）延迟满足

1929 年，纽约股市暴跌，引发旷日持久的大萧条。这场危机迅速席卷了整个资本主义世界，公司破产，工厂倒闭，农场破产。

在这场异常严重的经济危机中，约瑟夫·坎贝尔也没能找到工作。原本可以在哥伦比亚大学继续攻读博士学位的他，却因为觉得单一学科会让人变得平庸，便放弃了继续攻读学位。随后，他带着自己的妹妹和朋友，隐居到了森林里。

他给自己制定了非常严格的作息时间，他说："在没有工作或没有人告诉你该做什么的时候，你要自己找到该做的事情。我把一天分为四个时段，每个时段四个小时。我只在其中三个时段看书，另外一个时段自由活动。"

如此规律的日子一过就是五年，在这五年里，虽然生活穷苦，但坎贝尔的内心却无比喜悦，他每天都沉浸在学习与思考中，并最终创立了一个非常完整的神话学理论——英雄之旅。这就是选择延迟满足、践行长期主义的经典案例。

长期主义着眼于长远，反对鼠目寸光、及时行乐、今朝有酒今朝醉，提倡延迟满足。只有做好延迟满足，才能把目标、资源、注意力、意志力集中在未来愿景的实现上。

延迟满足，是一种甘愿为有价值的长远结果放弃即时满足的自我控制能力与忍耐力。简单来讲，就是用当下快感换取未来收益。

20世纪末，中国电信推出了小灵通，当时的UT斯达康和中兴通讯依靠这项业务取得了高速发展。UT斯达康一年的销售收入曾经达到100亿元，在当时这是足以让所有企业都为之动心的数字。

华为管理层当然也看到了这样的机会，所以很快就提交了从事小灵通业务的计划，但是出乎所有人意料的是，任正非否决了这个计划。

任正非否决小灵通的理由是，小灵通注定是一个过渡的、短暂的技术，而3G才代表未来，华为不能做机会主义者。在他看来，错过小灵通，华为可能失去的是一大块利润，但这还是可以接受的。但如果华为错过了3G，那就将严重影响华为成为一个伟大企业的进程，那才是一个根本性的失策，是绝对不可饶恕的。

华为因此把大部分人力和财力投入在全球范围内还没有商用的3G业务，八年后的2009年，华为终于获得了第一块3G牌照。

从那以后的故事，我们都知道了——华为一飞冲天，把所有竞争者都抛到了身后。正是因为华为当年在3G领域的坚定和持续投入，才成就了今天的华为。至于当时风光一时、占据中国小灵通市场半壁江山的UT斯达康，在主流市场上，现在已经很难看到它的身影了。

2012年，字节跳动创始人张一鸣在微博上写道："常言道，以大多数人努力程度之低根本轮不到拼天赋。我的版本是，以大多数人满足感延迟程度之低根本轮不到拼天赋。什么是努力？早出晚归，常年不休的人很多，差别也极大，但区别好像不是努力。又有同事问我说，延迟满足感太过了也不好，比如和 Celebrate wins 矛盾，不好把握。我的理解是，延迟满足感无关高兴、庆祝、分享等行为。更多是内心的，满足感是不是将内心蒙蔽，以至智慧迟钝、错过机会。"

其实，在创立今日头条不到一年的时候，就有巨头抛给张一鸣一个诱人的投资 Offer。张一鸣回忆说："我纠结了整整一个星期后就拒绝了，我觉得这是个兴奋剂，在自己内功未练成之前会导致内生力量受到遏制。接受巨头的帮助，也会被迫站队，使得自己的想法不再自由奔放。这类事情，好处是明显的，坏处是隐含的，但对这类情况很多人容易高估好处，低估坏处。这是一种典型的延迟满足感不够的体现，对长远信心不足，不要只想着做春播秋收的事。以前我们讲春种秋收，要很快看到成效，但在这个时代发生的变化就是，你不需要特别着急收获。你要去想如何把最优的目标推到尽可能远，要去想你最终做的事情可以推演到多大。延迟满足感，会让你不用天天想着春播秋收，而是先把最优的目标推得很远很远。"

张一鸣在面对巨大诱惑的时候，虽然有过纠结，但进行了冷静的思考，最终选择了延迟满足，坚定走上难而正确的道路，成就了今日头条商业帝国，这就是延迟满足的胜利。

第二节　长期主义的陷阱

一、长期主义，是反对短期吗？

长期主义，往往是针对短期主义来说的。在长期主义者心目中，短期主义提倡看 K 线，做 T，跟风炒作，追涨杀跌，高抛低吸，赚一把就走，过把瘾就撤。确实，随意买、随便卖、短线炒作是普通投资者亏损的重要原因，也是许多不成熟投资者的通病。但是，真正的长期主义，是跟短期水火不相容吗？

长期主义是针对短期的种种弊病提出的，但实际上，长期和短期是不能分割的。从组成长期的时间维度看，长期是由短期组成的，没有短期就没有长期，长期目标是由短期目标累积起来的。

（一）活着是最高战略，决定"长期有多长"

如果我们没有巴菲特那种从保险公司获取源源不断的投资资金来持续加仓的能力，那么当我们难以"续命"的时候，我们就不得不考虑生存。即使是巴菲特，也一再告诫我们，不要亏损，不要亏损，不要亏损。如果不是从短期进行控制，就不能够实现"不要亏损"的目标。因此，在投资中，活着永远是最高战略。

阿里巴巴在发展初期，自身的业务运营不能支撑公司的生存，于是马云通过批发义乌的小商品摆地摊赚钱维持公司的运转。当年，贩卖小商品的经济价值高于阿里的主营业务。把小商品生意做大，阿里可能也会赚一笔钱；但阿里没有去发展小商品生意，及时"止盈"。这就像一艘航行在大海中的船，在桅杆断的时候，发现了一个小岛；在岛上砍树制作桅杆的时候，发现小岛风光旖旎，让人流连忘返。离岛前行，也是一种魄力，更是"短期主义"的要义之一：拒绝诱惑。在全球布局发展导致资金链出现问题时，阿里收缩规模，撤销所有海外机构回归国内，并将有限的资金投入人员培训上，及时"止损"。

这些看起来就是短期行为，却是长期主义获得成功的保障。

2022 年，在一次对于联想的争论中，有一个质疑是联想没有在研发上长期投入。但实际上，电脑产业本身就是个毛利率不高的产业，20 世纪 90 年中后期也就是 10%～20% 的毛利率，拿利润的 10% 砸在研发上也是不现实的。实际上也拿不出这么多钱，即使拿出来也会影响企业生存。但是相比较而言，华为所在的通信行业毛利率就高得多，拿出 10% 的利润做研发并不会影响它的现实生存。

稻盛和夫在 52 岁前创立过两家世界 500 强公司，被称为"经营之圣"。有新闻记者采访稻盛和夫时，提出想听听他的中长期经营计划，他是这样说的："我们从来不设立长期经营计划。"他认为不管计划得多好，超出预想的环境变化、意料之外的事态的发生都会不可避免地出现，这会使得计划被改变，而且目标越是远大，人们在努力的过程中感到离目标很远就越会泄气。所以，稻盛和夫觉得制定当天的计划、制定月度计划、制定本年度计划，把这些短期的事情做好就行，而不用去制定三年、五年之后的事情。

稻盛和夫的短期行动，体现在长期地把短期的事情做好。

因此，长期主义并不是僵化的，也不是千篇一律的，而是必须面对现实，活着永远是最高原则。

在股票投资中，长期主义不要求投资者频繁操作，追涨杀跌，但是要求投资者做到两件事情：一是需要在长期中的每一个当下都注重个人的学习和知识积累，关注宏观经济、产业发展的环境变化，跟踪上市公司的投资机会，如同巴菲特长期阅读各类资料，时刻关注上市公司的年报；二是在作出买入或者卖出决策的每一个"短期"时刻，要做好深入的研究和思考，努力做到每一个决策都要慎重，并且逻辑自洽。完美的短期是成功的长期的重要支撑，成功的长期是完美的短期的各项工作的必然结果。

（二）短期持仓成本为长期主义创造机会

能否在投资中实现长期持仓，很重要的一点是短期持仓成本。短期持仓成本低，就能够有信心经历市场颠簸，穿越市场牛熊，甚至跨越经济周期。也只有保持足够低的持有成本，才能在长期的持仓中发现投资标的的价值。

例如，笔者在价格只有 600 元左右的时候持有贵州茅台股票至今，期间经历了股价一路攀升，也经历了股价的暴跌，见识了股价 2600 元的巅峰，也经受了从 2600 元下跌到 1600 元的蹦极，但期间我没有任何减仓，其背后的支撑力量就是较低的持仓成本，这个成本还将支持我长期持有贵州茅台。

可以说，短期的技术、判断是为长期主义服务的，长期主义者的良好心态很大程度上来自较低的持仓成本带来的很好的安全边际。

对于很多长期主义者来说，他的仓位并不是一成不变的，而是逢低买入加仓，下跌时倒金字塔法买入，不断降低持仓成本，而且买跌不买涨，越跌越买。因为市场是无法准确预判的，在价格上买错的话，可以在股份数量上增加，虽然价格越买越跌，却积累起大量的便宜的筹码，足以有信心面对市场的波动。

自 2022 年以来，巴菲特的表现远超预期，特别是俄乌冲突导致石油价格大涨，让巴菲特身价一度暴涨 500 亿美元。这是今年以来，全球前十位富豪中唯一身价上涨的富豪。巴菲特身价上涨的主要原因是，近期增持的西方石油公司股票在冲突中涨幅巨大，推动了巴菲特的身价一度排到彭博亿万富翁指数排行榜的前五名。

自 2022 年以来，巴菲特进行了三笔大幅的收购，一是伯克希尔·哈撒韦以 116 亿美元收购保险公司 Alleghany；二是购买了价值超过 75 亿美元的西方石油股票；三是在当地时间 4 月 6 日购买了计算机和打印机制造商惠普价值 42 亿美元的股份，持有该公司约 1.21 亿股股票。

在全球经济低迷、美股暴跌的情况下，巴菲特坚持"在别人贪婪时我恐惧，在别人恐惧时我贪婪"，大举逆向投资，大笔收购优质企业，推动了伯克希尔·哈撒韦的股价突破 52 万美元/股，创历史新高，稳居全球单价最高的股票排行榜第一名。根据 2022 年 2 月伯克希尔·哈撒韦年报，公司有 1500 亿美元左右的巨额现金储备，正在等待投资机会，这无疑是从短期持仓成本的角度为长期投资奠定坚实的基础。

自 2022 年以来，投资人段永平已多次出手买入腾讯，在今年 2 月 28 日，段永平就表示："腾讯低过我上次买入的价钱了,那明天再买点。"后来,他公开透露,以 53.5 美元价位买入 10 万股腾讯控股 ADR,预计成交金额为 535 万美元。最新一次买入价 42.71 美元,每股差价已有 10.79 美元了。在 2022 年 3 月初,腾讯控股跌破 400 港元/股,有网友喊话段永平加仓,段永平放话:"我计划每掉 10% 加一次仓。"3 月中旬,段永平透露,他将卖出"股神"巴菲特旗下投资控股公司伯克希尔·哈撒韦公司,继续抄底加仓腾讯。当时他透露,有一批行使价 145 美元的苹果 Put 到期,涉及很久以前的交易,"这笔钱可以拿出来考虑放一半在腾讯上"。

因此,从上述案例看,逢低买入,把握短期机会,能够为长期主义提供强有力的支持。

(三)幸存者偏差

假如某人在很多年前买了一只股票,坚持所谓的"长期主义"。过几年之后,这个股票背后的公司走下坡路了,你如果还坚持买入,最终以失败告终,那你就不会成为投资者心目中的"长期主义者",因为"长期主义"在很多人心目中就是成功者。

马化腾曾经对 QQ 失去信心,想过卖掉 QQ 却没有卖成,不是舍不得,而是卖不掉。我们很多人可能认为,马化腾长期坚持运营并持续优化 QQ,最终取得长期主义的胜利,这也是一种刻板印象。

长期主义是一种从长期视角来分析决策的方法论,但长期主义不能确保任何投资者都能从中获得收益。我们看到了巴菲特、芒格这些投资大师,还有但斌、段永平这些投资人在长期投资上获得了丰厚的收益,却没有看到还有许许多多人倒在了所谓的"长期主义"上。

这些没有成功的人,他们就会被摘掉长期主义者的头衔,从长期主义的叙事神话中踢出去。

当然,还有许多投资者正走在长期主义的道路上,他们或许还处在周期底部，或者尚未盈利，因此，他们没有被称之为长期主义者，或者真正的长期主义者。

这就是一种幸存者偏差。

在 2018 年伯克希尔·哈撒韦公司的年会上，以及随后接受 CNBC 电视台采访时，巴菲特表示，自己后悔没有尽早投资亚马逊。在亚马逊 1994 年成立时，大部分人都认为，通过网络去卖书是疯了。当时许多人还没有连接互联网。当贝佐斯联系风投机构试图融资时，所有人都拒绝了他。贝佐斯在 2001 年接受采访时表示，1995 年时他很难凑齐种子轮资金，为此不得不寻找 20 名天使投资人，每人出资五万美元。

早在 1997 年时，巴菲特就决定不会投资亚马逊。当时，他曾有机会投资亚马逊的 IPO（首次公开招股），但最终决定放弃。亚马逊的 IPO 发行价为 18 美元。巴菲特表示："事实情况是，我从一开始就在关注亚马逊。我认为杰夫·贝佐斯所做的事近乎奇迹。但问题在于，如果我认为某件事是个奇迹，那么我就不会去赌它。"

巴菲特说，最近每当看到亚马逊年报时，他都会感到痛苦，因为贝佐斯总会把自己 1997 年的股东信放在年报里。在信中，贝佐斯对投资者表示，他有长远的眼光，并承诺"通过互联网销售图书和电子商务整体将会被证明是个巨大的市场"。

巴菲特对 CNBC 表示："我知道，他对于自己的想法会全力以赴，但我不知道这个想法有如此大的潜力。我搞砸了。"他还说，亚马逊和贝索斯所做的事远远超出"我所能想到的任何成就。如果我能想到这点，或者说认为这样的事情真的能够做成，那么我当时就会买入亚马逊"。

巴菲特令人称道的，是投资可口可乐，是投资美国运通，是投资美国银行，是投资苹果，而不是投资亚马逊——后者最多是一个反面教材。这就是幸存者偏差，成功者被无限放大并受到膜拜，失败者则被扫进历史的废墟。

二、长期主义，是不顾当下吗？

（一）长期主义是跳着踢踏舞去上班

有一次，巴菲特在内布拉斯加大学演讲，他对学生们说："我和你们没有什么不同，我可能比你们钱多，但钱并非差别所在。不错，我买得起最高级的西服，但我穿上却毫无高贵感，我宁愿吃一块芝士汉包也不愿意吃100美元一份的大餐。"

学生们一脸迷惑，窃窃私语。

巴菲特进一步说："如果我和你们有任何不同的话，那就是我每天起床以后，有机会做我最喜爱做的事情，天天如此，如果你们想从我这里学到什么，这就是我对你们最好的忠告。"

为什么在很多人感慨上班是折磨的时候，巴菲特却依然能够保持如此积极的状态？巴菲特给出的原因是："你早上从床上坐起，是因为你期待这一天。我有60年都是跳着踢踏舞去工作的，就是因为我做我喜欢做的事，我感觉非常幸运。我只是在做这辈子自己最喜欢做的事情，这种状态从20岁起就开始了。"

长期主义不是一个难熬的、痛苦的过程，不是放弃当下，而是放眼未来，活在当下。

极端的长期主义，可以把时间拉长到上千年甚至上万年之后。有这样一种思潮认为，从宏大的角度来看，历史上最严重的自然灾害和破坏性的暴行几乎都是难以察觉的小事。两次世界大战、艾滋病和切尔诺贝利核事故，"尽管这些事件对直接受影响的人来说是悲惨的，但从事物的全局来看，即使是这些最糟糕的灾难也只是生命大海表面的涟漪"。创始人Bostrom甚至主张建立一个全球性的、侵入性的监控系统，实时监控地球上的每一个人，以扩大"预防性治安的能力"。这样的长期到底有什么意义呢？

对于真正的长期主义者，坚持就是生活本身。正如种一棵树，你心里可能想，自己等不到它高入云霄、独木成林的那一天，但你依然悉心照料它，给它施肥、捉虫、修枝剪叶；也知道这棵树很值钱，只要砍下来就能获得一笔可观的财富，但是你依然很克制，这就是长期主义。

可见，长期主义的核心并不是在"死守"，而是要找到自己的热爱，唯有热爱，方可抵御岁月漫长。有了热爱，"十年如一日"只不过是呼吸吐纳那么正常，而财富与成就就是个副产品。

（二）当下为长期主义提供机会

2018年，DJCO（Daily Journal Corporation of South Carolina）年会结束后，查理·芒格与投资者交流时表示："我读《巴伦周刊》杂志，读了50年。整整50年，我在《巴伦周刊》中只找到了一个投资机会。这个机会是一家很小的公司，是个汽车零部件供应商，算是个烟蒂，好像是做门罗减震器的。它的股价是一美元，垃圾债价格是35美元，利率是11.38%。我买了它的垃圾债，拿到了公司支付的利息，利息收入有30%多，此后，这只垃圾债直接涨到107美元，公司把它赎回去了。后来，它的股价从一美元涨到了40美元，我在15美元的时候卖了。通过这个机会，我在几乎没有任何风险的情况下，赚了8000万美元。我把这8000万美元交给了李录管理，李录把它变成了四、五亿美元。可以这么说，我读《巴伦周刊》，读了50年，从中找到了一个投资机会，赚了四五亿美元。而我找到的机会不多，但是一旦找到了，我绝不手软。"

这个案例说明，长期主义的决定是由一个又一个的当下行动来决定的。当下的理念、行动、习惯是构成长期主义的重要因素，长期主义的修行是在每一个当下实现的。

（三）每一个局部最优服务于全局最优

前文中提过，国际象棋天才卡斯帕罗夫说："战略家总是先设立一个远期目标，制定相关的战略，然而返回来确定具体措施。他会先设立实现远期目标所必须经过的一些中期目标。特级大师下棋时，依靠的不是对成千上万种应对方案进行单纯的筛选，而是先确定一个他想在 10～15 步棋后希望达到的局面。他会评估所有可能性，设定一个目标，然后一步步走向这个目标。"

人工智能棋手阿尔法狗，每一手棋都是全局最优，其评估体系就是终局胜率，找出终局胜率最大的一手。它每一手棋都把所有已经下的棋归零，清零后重新出发，从头算当下的概率，这样每一个当下都是具备大局观的当下，而不是与长期目标相割裂的当下。

但是对于人类来说，其算力有限，难以对当下这手棋对于全局的胜率进行评估，当然也难以做出对于全局最优的抉择，往往只能做到"只顾眼前"。

这一手棋，其状态信息包含了所有相关的历史，只要当前状态可知，所有的历史信息都不再需要时，当前状态就可以决定未来，这一手棋就具有马尔科夫性，这个决策过程就是一个马尔科夫过程，它是一个无记忆的随机过程。

所谓打"无记忆的球"，就是做到最好的当下的决策，看似只管"当前状态"，其实是为了实现全局的期望回报最大化。

这就是我们经常说的"永远去做你余生中最重要的那件事"。

贝佐斯在一次演讲中讲道："人们经常问我，未来 10 年什么会被改变？我觉得这个问题很有意思，也很普通。从来没有人问我，未来 10 年，什么不会变？在零售业，我们知道客户想要低价，这一点未来 10 年不会变。他们想要更快捷的配送，他们想要更多的选择。"贝佐斯把亚马逊定位为"地球上最以客户为中心的公司"，他将"拜客户教"贯彻彻底，他说："喂，不要问我们擅长什么，而是要问我们的消费者都是谁，他们都需要什么。之后，我们要找到满足他们需要的方法。"

老福特当年开创福特汽车之后，其目标是，"使得大量受雇用的工人能够赚到丰实的工资和收到良好的待遇。这就是我一生为之奋斗的目标"。在这个目标的导引之下，福特不断改进企业研发和经营管理，而这些当下的举措就成了实现长期目标的重要支撑。

《财经》杂志对王兴进行采访时，问："新公司下一步的产品规划是什么？"王兴回答："我们肯定要让内容更加丰富，因为我们希望总体上能给消费者提供更多、更好、更优惠的吃喝玩乐。我相信，下棋的高境界是通盘无妙手。"

为什么王兴特意提到"通盘无妙手"？先来看什么是"通盘无妙手"。这是一个棋类术语，原版叫"善弈者通盘无妙手"，意思是说一个高手，下完了一整盘棋后，你并不觉得他有哪一招是惊天动地的。换句话说，整局棋，可能每一步看起来都平淡无奇。而且，这种"通盘无妙手"的现象，不只发生在棋界。

在斯诺克台球、足球等各个领域，我们都能看到同样的现象。比如，在斯诺克台球中，并不看重个体单次动作多精彩。真正重要的是，你能持续性地连续击球。你的这一杆，实际上要为下一杆击球做好准备，这样才能保持连续性。

这在长期主义者看来，就是实现全局最优，而不是当下那一手棋最优，这样才能够实现最大化收益。

三、长期主义，就等于死守吗？

（一）在错误的方向上死守，不是长期主义

很多投资者认为，长期主义就是死守，就是十年如一日地持有某个或者某些股票，不因大跌而卖出，也不因大涨而卖出，甚至故意"忘记密码"以切断自己的念想，坚信越坚持越成功。但事实上，当他们在若干年后打

开自己的账户，很可能发现股票市值远远低于他们的买入金额，甚至发现自己的股票早已经强制退市。

这种情况并不少见，他们中绝大多数犯了同样一个错误，那就是在错误的方向上坚持，也叫作南辕北辙，越努力，越坚持，就会离目标越远。

芒格的中国学生李录说："短期是创造不了价值的，这是肯定的，但长期也不见得就能创造价值。持有很多差公司时间越长，价值毁灭越严重。投资是一件实事求是的事。"

巴菲特可能是有史以来最伟大的投资家，被称为奥马哈先知。但多年来，他在投资过程中也犯过一些错误。与那些只会推卸责任的高管不同，巴菲特会坦诚自己的错误，勇于承担责任，并及时止损。

1. 购买伯克希尔·哈撒韦的股票。

2010年，在接受CNBC采访时，巴菲特说，他的投资股票生涯中犯下的最愚蠢错误就是买入伯克希尔·哈撒韦的股票。巴菲特称，1962年，首次投资伯克希尔·哈撒韦时，它是一家濒临破产的纺织厂。他原以为随着更多工厂的倒闭，他会从中获利，因此买了这只股票。后来，这个工厂总是想方设法从巴菲特那里拿到更多钱。心烦意乱的巴菲特于是买下了伯克希尔·哈撒韦的控制权，炒了经理的鱿鱼，并努力让这个工厂再经营20年。巴菲特估算，这一具有惩罚性的举动让他损失了2000亿美元。

2. 购买Waumbec纺织厂。

尽管后悔在1962年购买了濒临破产的伯克希尔·哈撒韦，但是巴菲特在10年之后又做了同样的事情——购买了另外一家纺织厂Waumbec。巴菲特承认这桩买卖是个错误，因为这个工厂没过几年就关门了。

3. 投资特易购。

2012年年底，伯克希尔·哈撒韦持有英国超市运营商特易购4.15亿股股票，后来出售了一部分，但是仍有大量仓位。2014年，特易购夸大利润数据，致使该公司股票暴跌。在2014年的致股东信中，巴菲特指出对特易购管理模式的担忧促使他卖掉了这家公司的部分股票，并从中获利4300万美元。不幸的是，他未能快速出售剩余的特易购股票。他承认，这个错误投资给伯克希尔·哈撒韦带来了4.44亿美元的损失。

4. 购买鞋业公司Dexter。

1993年，巴菲特用4.33亿美元买下了Dexter Shoe Co.。不过，这桩交易并未采用现金收购，而是动用了伯克希尔·哈撒韦的股票。在2017年的致股东信中，巴菲特坦承这个错误决定让投资者损失了35亿美元。"到目前为止，Dexter是我所做过的最糟糕的一桩交易。但是，未来我还会犯更多错误——你可以押注这件事。"

5. 对能源期货控股的投资。

在2013年的致股东信中，巴菲特坦言对能源期货控股公司（Energy Future Holdings）的投资是一桩灾难性投资。由于水力压裂技术的成熟，美国可从页岩中开发出大量天然气，供应增加之下天然气价格自然暴跌，导致能源期货控股公司经营不善并最终申请破产保护。虽然巴菲特准确地预测到能源期货控股公司会申请破产，但是伯克希尔·哈撒韦依然遭受了8.73亿美元的税前损失。

6. 没有购买Dallas-Fort Worth NBC电视台。

并非巴菲特所有的投资错误，都造成了财务损失。让他后悔的一件事是，没有斥资 3500 亿美元购买 Dallas-Fort Worth NBC 电视台。在 2007 年的致股东信中，巴菲特解释他错失了购买这家电视台的良机。虽然知道这桩交易拥有非常大的增长潜力，但是巴菲特还是否决了它。

7. 为购买通用再保险公司而发行了更多伯克希尔·哈撒韦股票。

1998 年购买通用再保险公司，起初并非巴菲特投资策略的最好选择。后来，巴菲特让事情有了转机。尽管如此，还是有让他感到遗憾的地方。"初期的问题解决后，通用再保险公司为我们带来了利润。尽管如此，通过发行 272200 股伯克希尔·哈撒韦股票来购买通用再保险公司，仍是我犯下的一个大错。"

8. 购买康菲石油的大量股票。

在 2008 年的致股东信中，巴菲特写道："我犯了一个非常严重的错误，那就是在石油和天然气价格接近最高点的时候增持了康菲石油的股份。我未能预料到那年下半年能源价格会大幅度下跌。"统计数据显示，巴菲特花了 70 亿美元购买了 8500 万股康菲石油股票。但是，2008 年康菲石油的市值仅有 44 亿美元左右。

9. 未能深究路博润公司的股票问题。

2011 年，巴菲特和伯克希尔·哈撒韦在宣布该公司子公司联合董事长戴维·索科尔促成路博润（Lubrizol Corp）收购一事之后，受到猛烈攻击。问题在于，索科尔持有大量路博润股票。有数据显示，伯克希尔·哈撒韦花了大概 90 亿美元买入路润博，而索科尔从中获利 300 万美元。鉴于索科尔并未向巴菲特承认自己持有路润博的股票，他违反了内幕交易规则。在 2011 年的年度会议上，巴菲特承认自己本应该对索科尔进行更进一步的调查。

10. 未能购买亚马逊股票。

2017年2月接受采访时，巴菲特被问及为什么他从未买过亚马逊的股票。当时，他承认对于这个问题，他给不出好答案，他说："很明显，我本应该在很早之前就买入亚马逊的股票，因为很久以前我就想要这么做了。但是，很遗憾，我没有将自己的想法付诸实践。我错过了良机。"

11. 购买美国航空公司的股票。

1989年，巴菲特以3.58亿美元的高价投资美国航空公司优先股。然而，随着航空行业一路下滑，这桩投资也遭受重创，这让巴菲特懊恼不已。不过，根据《福布斯》的报道，巴菲特可能已经收回了全部本金和股息。巴菲特将美国航空的反弹归功于他和芒格退出该公司董事会以及首席执行官史蒂芬·沃尔弗拉姆的走马上任。他称赞说，沃尔弗拉姆为这桩代价昂贵的投资省了很多钱。

12. 错过了投资谷歌的机会。

巴菲特的股票持有中没有谷歌，这也是让他后悔的事情。在2017年的年度股东大会上，巴菲特对投资者说，数年前没有买入谷歌的股票，是他犯下的一个大错。过去，巴菲特一直在回避科技类股票，因为他不了解科技企业的商业模式。不过，巴菲特坦言，自己本应该投资谷歌，因为他是谷歌广告业务的客户。他说："现在的世界与过去的世界迥然不同。"他补充称，现在的互联网和云计算公司属于"轻资本"性质，而他职业生涯前期投资的工业和钢铁企业属于资本密集型。

13. 高估了一些制造、服务和零售业务的投资。

在2015年的致股东信中，巴菲特重点提到了伯克希尔·哈撒韦旗下制造、服务和零售业务，强调该公司投资组合中的一些业务回报率很低，他认为这些投资都是他犯的错。"在这些投资中，我错误地估计了某家企业或某个行业的经济动态。现在，我们为我的投资不当付出了代价。"

最伟大投资家巴菲特的故事告诉我们，犯错误不可避免，犯错误就要承认错误，并且迅速调整策略方案。

长期主义的关键点不在于死守，而在于判断什么东西值得死守。长期主义的本质上不是坚持的问题，而是判断力的问题。如果投资只是"忘掉密码"这么简单，那世界上的富翁就会增加很多。

如前文所述，巴菲特长期持有很多企业的股票，这些企业都是非常优秀的企业，只有优秀企业才能为他带来巨大收益，如果是垃圾企业的股票，只会成为抽血机。只有在这些优秀企业上坚持，才是真正的长期主义。

这里就有一个问题，如何才能找到这样一个值得坚守的投资标的呢？作出决策的是当下，而不是未来，人们不能未卜先知，怎么能够知道未来它还值得？巴菲特怎么知道可口可乐、苹果这些公司的股票可以长期持有？中国的投资者如何知道贵州茅台、格力电器、美的集团这些股票可以长期持有？即使在这些股票遭遇熊市、"黑天鹅"、巨大波动的时候，依然可以坚守？这至少有以下两方面原因：

第一，投资者应具备一定的专业能力。就像查理·芒格所说："要是知道我会死在哪里就好了，我将永远不去那个地方。"这就说的是一种专业能力。这种专业能力包括：看懂宏观经济形势，看懂行业发展趋势，看懂企业基本面。这里强调的是，具备"一定的专业能力"，是指投资者不必具备像投资大师或者专业的分析师那样的数理分析或者建模能力，能够把一个企业或者行业"掘地三尺"——当然，从长期投资者的角度看，这些能力也未必是必须的——而是要能够经受住自己的提问：为什么要买这个股票？能不能拿出三个及以上的理由？我能不能持有这个股票一年或者三年以上？每个人都会存在一定的认知局限，但是作为投资者而言是不能"无脑买入"的，一定要有自己的思考，这种思考就建立在专业的知识和能力之上。这里蕴含一个要求，就是要做到逻辑自洽，以怎样的理由买入的股票，当这个理由消失的时候，要做到及时卖出。

第二，投资者应该做大概率正确的事情。巴菲特在数十年的投资生涯中投资了大量企业，但真正长期重仓持有的股票并不多，中途卖掉的股票数量很多，买错的、卖错的股票不计其数，但是巴菲特保持了大概率正确。从笔者个人的经历和体会而言，保持正确的行业大方向，选择行业龙头，进行分散投资，坚持持有，保障大概率正确并不是一件非常困难的事情。

长期主义是一种价值观，更是一种高级的方法论。从价值观层面来讲，投资者只要守住自己的初心就可以；从方法论层面来讲，长期主义者都是看懂了事物发展规律的人。发现了规律，判断了方向，再像老黄牛一般努力就行了。

（二）及时认错，才是长期主义

长期主义必须在正确的方向上坚持，当在这个过程中发现自己的脚步已经偏离了目标，就必须及时认错。

长期主义是对价值的信仰，为了最终的价值，敢于随时调整自己的信念。长期主义的连续性，是指目标的连续性，而不是看其短期行为的连续性。

在 2021 年的股东大会上，巴菲特承认：去年出售其一小部分苹果股票是个错误决定。2020 年第四季度，伯克希尔将其所持有的苹果股份减少了 3.7%，至约 9.44 亿股。巴菲特表示："这是一个令人难以置信的品牌和产品，它对人们来说已经是不可或缺的。"

巴菲特的成功，大多数依赖于 20 世纪 80、90 年代的积累。但进入新世纪以后，"股神"自己也很迷茫，因为他曾经信奉的投资理念似乎已经跟不上时代潮流了。最近二三十年，是科技飞速发展的时代，是微软、英特尔、亚马逊、苹果、特斯拉、Facebook 各领风骚的年代，"股神"最钟情的大消费、大金融、传统制造业逐渐让位。

还好，巴菲特及时认错，旗下伯克希尔·哈撒韦公司从2016年开始购买苹果的股票，并在2018年年中持有苹果股份达到其总股本的5%，累计投入约360亿美元。随着这家科技巨头的股价飙升，巴菲特在苹果上的投资价值已经膨胀到1600亿美元以上，使他的账面回报在短短六年内就远超1000亿美元。

投资苹果等这种高成长科技股似乎违背了巴菲特著名的价值投资原则，而这一异乎寻常的举动最终成为他过去10年里最好的投资。但在2020年卖出部分股票的行为，被巴菲特视为错误行为，这完全符合巴菲特对于长期主义的坚持，那就是及时修正错误。

（三）长期主义，不是在一个投资标的上甚至一个固定空间上"死守"

人们往往关注的是巴菲特股东大会谈到的投资观点，但伯克希尔最大的优势是超大规模、几乎没有成本、长周期的保险浮存金。截至2021年年底，伯克希尔保险浮存金的规模是1470亿美元。巴菲特的保险集团由数十家保险公司构成，2021年的营业收入规模是751亿美元，这个规模巨大的保险浮存金几乎是没有成本的，在覆盖了保险赔偿金额以后，保险资金就可以用于投资。

虽然保险公司每年有赔偿支出，但同时不断有保费滚入，金额不会有大规模的下降，所以保险浮存金可以做长周期投资。这是巴菲特巨大的发动机、巨大的优势来源，是很多人学不了巴菲特的重要原因。

2018年，高瓴资本最终募集到106亿美元，创造了纪录。高瓴资本还于2020年上半年从投资人那里筹措可能多达130亿美元的资金，准备抓住疫情之下经济当中出现的新机会。

这些顶级的投资机构正在源源不断地获得资金，为下一次下注准备筹码，这样就形成了无限游戏。这种不断投入、不断退出、永续循环的投资模式，是长期主义的另一个表现形式。这种形式通过在时间上的接续投入，把握更多的投资机会，占据更多的概率优势。

更高级的长期主义，是一边滚雪球，一边不断往前面的雪道上撒雪，把长期主义的策略从一个投资标的拓展到更宽阔的视野中。

第三节　长期主义的方法

怎么样做到真正的长期主义呢？

一、植入认知

在A股市场上，流传着"七亏二平一赚"的说法，意思是说一轮牛熊交换下来，有七成的股民是亏损的，可以保本的有两成左右，而只有一成的股民是可以赚钱的。

这个说法是有数据印证的。2007—2008年，《经济半小时》对股民赢利情况进行了调查，调查人数为76.46万人，92.51%的人亏损，4.34%的人赢利。

2008年，《上海证券报》对此进行了调查，调查人数为2.5万人，70%的人以上的亏损，只有6%的人赢利。

2010年，有关调查显示，2010年之前的20年，有41.83%的中国股民说自己的炒股总成绩为亏损，23.82%的人为持平，34.35%的人为赢利，也就是说有约2/3的投资者在股市中没有赚到钱。

2013年，金融界网站对中国股民压力指数调查后得出，中国股民近一半的人甚至认为"炒股"很丢人，羞于承认自己是股民。接近七成股民亏损超10%，其中亏损50%及以上的占全体股民的四成；16%的股民盈亏均衡；16%的股民盈利超过10%；在股市中大有收获（盈利超50%）的股民仅有5%。

2015年是中国股市最为惊心动魄的一年，报道称，当时中等收入群体有70万人投资失败，很多拥有数百万元、上千万元资产的投资者因为使用了杠杆而在股灾中被平仓，有的夫妻看着自己多年打拼积累下来的资产瞬间清零而抱头痛哭。

为什么散户在股市赚不到钱？主要有两方面原因：

（一）客观环境

我国股市与发达国家成熟股市相比，具有"新型加转轨"时期的不成熟特点，在公司上市、公司治理、信息披露、大股东诚信建设等方面更有着许多需要完善与改革的地方。内幕交易、联合坐庄炒作、财务造假、违规信息披露等现象时有发生，风险较大，影响投资者信心。

（二）投资者个人原因

1. 投资者能力欠缺。

他们往往在投资上显得不成熟，在基本投资知识、心态和素养方面不足，研究能力欠缺。他们在日常生活中买菜都要讨价还价，但买一个股票却是眉头不皱一下，脑子不过一下。在市场暴跌或者底部的时候，不敢进入，往往错失良机。等到大涨的时候又开始介入，往往是在个股行情的后半段，成为接盘侠，只能割肉出局。散户资金量少，过于分散，找不准方向，盈亏相抵，难以赢利。

2. 投资者心态幼稚。

他们往往不能接受"慢慢变富"，渴望一夜暴富，赚快钱，炒短线，追涨杀跌。这就是所谓炒股，"炒"，就如同炒菜，从锅的这边翻炒到那一边，又从那一边翻炒到这一边，今天买这个股，明天就卖掉，然后又入手另一个股，反反复复，频繁交易，这种情况下会造成两种结果：

第一种，今天赚钱，明天就亏回去，后天赚钱，大后天又赔回去，总体上不赚钱甚至赔钱。

第二种，今天赚钱，明天赚钱，后天赚钱，大后天就不会那么侥幸，一把全赔回去。

因为股市短期涨跌是没有规律可言的，涨是侥幸，跌是常态，要在这种随机运动中获取收益，是非常困难的。

股市投资的本质是"以时间换空间"，但普通投资者无法付出等待的时间。追涨杀跌的后果是，即使有很多时候能够赚钱，但也会在很多时候失手，成为接盘侠，加上客观环境和各种交易成本，就很容易成为亏损的大多数。

个人投资者往往选择跟风炒作。作为普通投资者，意味着有千千万万跟你想法一样的人，这些人都希望在股市上获利，这是一种零和甚至负和博弈，但股市本身不创造任何利润。

从一个成熟的股市的本质而言，它就是一个博弈的场所。在这个有着巨量投资者参与的市场里，你的比较优势是什么？一个普通的投资者凭什么和其他投资者进行博弈？是知识优势、研判能力、行动能力，还是资金优势、信息优势？

首先我们要考虑的是，投资股票赚的是什么钱？主要赚两种钱，一种是市场的钱，一种是企业成长的钱。

赚市场的钱。市场的钱也就是交易对手的钱，短期内股票市场的波动是随机的，没有规律可言，这种时候进行低买高卖就是在赚对手的钱。

如果没有交易成本，那么这种博弈跟赌博无异，是一种零和博弈。零和博弈是由匈牙利数学家冯·诺伊曼创立的，意思就是说，我们两个人下棋，我赢一次，你就会输一次；我要赢两次，你就会输两次，以此类推，我赢了N次，你就输N次，两个人的赢的总和始终为零。

但实际上，因为股票交易还有印花税、过户费、交易佣金等成本，投资者赚的钱无法弥补亏的钱，这就是负和博弈。比如，交易佣金是万分之一点五，双向交易，总共万分之三；印花税为千分之一；过户费比较少，为了计算方便就忽略不计了。这样来算，一买一卖，成本就是千分之一点三，一年交易10次，成本就是1.3%；交易100次，成本就是13%，一年需要赚13%才能够本啊。

而现实中，中国优秀的投资人年收益率基本都在10%～15%。这就说明操作次数越多，越难以赚钱。

如果没有增量资金进入股市，无论交易多少次，钱总体来说只会越来越少。因此，赚市场的钱天生就有比较大的难度，很难赚到对手的钱。

在这种情况下，作为没有任何绝对优势的绝大多数投资者之一，只要我们有一个想法，这个想法基本上就是绝大多数投资者的想法，而这个想法基本上是错误的，那么如何才能跳出绝大多数投资者的想法呢？

最有效的方法就是不要有任何想法，没有自我，即无我，也就是说，不要参与任何追涨杀跌、快进快出的游戏，要把自己当成真正的无知者。

赚企业成长的钱。企业在正常经营过程中会赚到越来越多的钱，我们作为企业的股东（老板），企业就会以分红的形式把盈利分给我们。即使不分红，投资者持有股票作为股东，也就意味着我们在这个公司享有更多的资产，这时我们手里的股票将更值钱。此时你所赚的钱不一定是你的对手所亏的钱，这就是正和博弈。企业成长的钱比较容易赚到，只要企业能够正常经营下去，长期持有股票都可以赚到这部分钱。

股市长期的上涨是由经济发展、公司业绩推动的，短期并不创造价值。

从上述两个渠道中，我们知道股票投资者要赚市场的钱是很艰难的，因为市场的钱就是一个负和博弈。因此，聪明的投资者应该赚企业成长的钱，让自己手中的股票越来越值钱，或者作为股东得到上市公司的分红。

这个就是认知的关键所在。这个认知，就是做一个无知者。

张磊在《价值》中说：坚持"长期主义"，就是把时间和信念投入能够长期产生价值的事情中，尽力学习最有效率的思维方式和行为标准，遵循第一性原理，永远探求真理。真正的投资，有且只有一条标准，那就是是否在创造真正的价值，这个价值是否有益于社会的整体繁荣。坚持了这个标准，时间和社会一定会给予奖励，而且往往是持续的、巨大的奖励。

二、在坚定的信念中制定长期战略目标

股价波动，波诡云谲，眼花缭乱，无比凶险，但基本上只有两个方向：向上、向下。

此时，只要满足三个方面的要求，就能够大概率实现50%以上的赢面。第一，选择一个好的行业和企业；第二，逢低介入，这个低是指在较长周期的低点；第三，坚持持有，这个坚持能够跨越周期的时间。

因此，我们需要有一个规划：

第一，打算持有多久？

第二，在什么情况下，我们要卖出？

巴菲特说："如果我们不想持有10年，那么连10分钟也不要持有。"这就是说，应该从持有10年的时间长度去思考问题。实际上，持有10年很难做到，就连巴菲特持有10年以上的股票也占少数。

对于我们普通投资者来说，持有一个股票，应该有一个长期的计划，这种计划没有明确的答案，但这个期限，应该是你对于这个股票信心的体现。如果你对股票背后的企业有着充分的信心，比如净资产收益率、市盈率、市占率这些关键指标，最长在三年内能够达到最佳状态，那么我们就可以将"长期"设定为三年；如果是10年达到最佳状态，我们就可以将"长期"设定为10年。

如前所述，这个"长期"应该是跨越周期、发现价值的时间长度，因此，不得轻易以"周期"原因而进行交易，也不得轻易在股票预期价值实现之

前就进行买卖。

例如，持有"中国平安"这个股票，我认为它在公司治理、产品和服务水平、市场竞争力、市场占有率在未来10年内有巨大的优势，长期股价应该能体现其真实价值（应然状态），那我们就不能因为其长期波动且没有向上的趋势，就把股票卖掉。

当然，这只是卖出的一个例子，是单纯从持有时间上的一个判断。实际上，卖出股票还有很多原因和理由。

那我们在什么时候卖掉股票？

芒格说："我觉得有些生意可以永远拥有。"

这句话的背景必须要指出，我们需要认识到伯克希尔的保险公司系统的性质，源源不断的保险浮存金可以让他忽略中短期的暴涨暴跌，散户乃至私募基金这样的有清盘线的组织，是不可能与伯克希尔相提并论的。

对于绝大部分的投资者来说，永远持有是不现实的，那么，我们应该在什么时候卖出呢？

我们先来看巴菲特是如何考虑卖出这个问题的。

巴菲特说："我们卖出股票只有三个原因，第一个就是发现了更好的股票；第二个就是标的极度高估；第三个就是这个企业基本面出现了问题。"

巴菲特在2019年股东大会上公开表示："在进行任何操作之前，我们都应该回忆一下，我之前反复提及的'买入两原则'和'卖出三原则'。买入两原则即逻辑成立且估值合理（二者同时成立）。卖出三原则即逻辑变了，贵了或有更好的了（三者有一即可）。"

2022年8月24日，资本市场上出现了一个惊人的消息——巴菲特旗下伯克希尔·哈撒韦公司出售了133万股比亚迪港股，套现约3.7亿港元。这个消息引起轩然大波，对比亚迪股价造成重创，比亚迪的股价当日跌幅最高时超过7%。

9月1日，伯克希尔·哈撒韦公司再次出售171.6万股比亚迪港股，套现约 4.5 亿港元。

短短一周时间，巴菲特一共套现超过八亿港元，不仅造成资本市场的动荡，引起了投资圈对于巴菲特卖出举措的热议，更是为很多唱衰新能源汽车产业甚至绿能产业的人士提供了重磅说辞。

难道对于巴菲特来说，卖出比亚迪，是逻辑变了，是贵了，还是有更好的了？

我们来梳理一下：巴菲特这一轮减持的比亚迪股票仅有 304.6 万股，仅仅占到他目前所持有的比亚迪股票 1% 左右。当下，巴菲特手上仍持有比亚迪超两亿多股，这就说明巴菲特还是坚定看好比亚迪的未来前景的。这就很好理解这两次减持，只是其一次为获取部分现金流的市场化短期商业行为，属于长线投资的"规定"动作，是一种战术问题而绝对不是对长期持有的战略进行了调整。

这并没有动摇巴菲特长期主义的原则。我们还梳理了本杰明·格雷厄姆、菲利普·费雪、芒格、彼得·林奇、李录、段永平、张磊、霍华德·马克斯、索罗斯等投资大师对于卖出的理念和观点，基本上体现在以下几个特点和原则中：

一是买错即纠正；

二是基本面变化；

三是股票泡沫估值过高；

四是有更好投资机会。

因此，长期主义者并不是无限长期地持有投资标的，而是在卖出时有一个绝对可靠的原则和契机。

长期主义的卖出，至少有三方面的含义：一是基于对投资标的的深入骨髓的了解；二是长期持有上述投资标的的决心、能力和实践；三是基于内外环境条件变化的精准判断。

三、做一个长寿的投资者

长期主义者必须拥有能够支撑"长期"的时间储备。

这个时间储备具有两方面的含义：

第一，投资是持续的，甚至是永续的。

第二，时间是足够的，投资者是长寿的。

巴菲特的投资是一个永续投资的典范，他的保险浮存金可以源源不断地向他输送炮弹，不受任何期限的限制。

散户也具有和巴菲特相近的优势，当这些普通投资者属于上班族，有源源不断的薪金收入，且投资的资金属于不急用的"闲钱"的时候，也没有到期的清盘线的要求，因此，当他们拥有一笔又一笔的"闲钱"投入的时候，他们的投资风格可以看作是"永续"的。

在这种情况下，他们可以持续买入一只或者数只自己看好的股票，持续投入，只有当企业或者股价出现变故的时候才卖出。

投资者同时也必须是长寿的。

段永平曾经说过："更健康、更长久，我们已经提了很多年了。我们认为，要做到更健康、更长久，除了应该知道我们该做什么以外，更重要的是需要知道什么不该做。我们有一个个不短的 Stop Doing List，也就是不为清单。举个小例子，芒格说如果知道自己会死在哪里，就坚决不去那里。多数企业最后都是死在资金链断裂上（实际上在绝大多数情况下这只是表象而不是原因）。投资也一样，不用杠杆！"

他说的"Stop Doing List"，也就是不为清单，主要讲的是做对的事情。它不是一个技巧或者公式，而是思维方式：如果发现错了，就立刻停止，因为这个时候成本是最小的。我们有些公司的 Stop Doing List 有不做代工、不借钱、不赊账、不托付货款、不晚发工资、不做不诚信的事、不攻击竞争对手、不打价格战、不弯道超车、不收购和兼并、不多元化、不盲目扩张、不虚夸产品。

段永平说的 Stop Doing List，就是为了活得久，而活得久是实现长期主义的根本保障。

钟南山院士，出生于 1936 年，2022 年时他已经是 86 岁高龄的耄耋老人，但他外表所呈现的是表情生动、体态健硕的年富力强的形象。他是常年健身的人，每天喝牛奶，非常自律，这使他的肌肉含量明显超过同龄人，拥有的精气神比很多年轻人都要好。健康长寿，是长期主义在一个人身上最好的证明，也是延续长期事业的物理保证。

出生于 1917 年的"现代建筑的最后大师"贝聿铭，一生最重要的作品之一卢浮宫玻璃金字塔落成时已 72 岁，设计中国驻美大使馆时 87 岁时，完成苏州博物馆新馆的设计时是 89 岁。

大师不一定都高龄，但高龄者更有可能成为大师。

就像诺贝尔奖，获奖者年龄往往偏大，这其中主要原因是，这些大师的成果往往要经过多年验证并产生了深远的影响力，才有可能获奖。不少杰出的大师的成果非常卓越，但他们因为"活得不够长"，等不到获奖那一天。

我们羡慕巴菲特的巨额财富，但他 99% 的资产是在 50 岁之后获得的。沃伦和查理他们俩，一个 92 岁，一个 98 岁，还每天都工作，热情不减。

因此，对于长期主义者而言，第一个特别重要的事是长寿，想要长寿，其实最主要的还是要干自己喜欢干的事。保持良好的生活习惯固然很重要，但更重要的是干自己喜欢干的事，而且要有一颗平常心。巴菲特和芒格从来就不会焦虑，他们是跳着踢踏舞去上班的人，因为他们所有的做法都是多赢，所以也就没有压力。

巴菲特喜欢吃汉堡，他住在奥马哈，上班的车程只有五分钟，他经常自己开车，路上经过麦当劳的汉堡店，如果今天股市比较好，就奖励自己 3.15 美元的汉堡，如果股市不好就买一个 2.65 美元的汉堡。他的座驾也让我们大跌眼镜，不是豪车，只是几十万人民币的大众车（凯迪拉克）。巴菲特的办公室相比国内很多老板的办公室，寒酸很多。巴菲特在他第三个孩子出生后，才买下一套包含五间卧室、现值大约只有 300 万人民币的房产。

巴菲特曾表示："我 91 岁了，但仍然很健康。芒格 98 岁了，相比来说，我还只是个孩子！我们在做选择继承者的准备，但我还没有准备要退休，我目前仍在加班工作，从来没有觉得累。我从事的是世界上最有意思的工作。"

在时间的刻度上，人生最大的瓶颈，不是能力也不是思维，而是健康，是生命。健康地、长久地活着，人生才会拥有更多可能。

如何"续命"似乎成了富豪们的默认传统。据《2020 年高净值人群健康投资白书》显示，有超 85% 的高净值人群极为重视健康管理方面的投资，认为"钱能买来健康"，具象到现实生活中，也有不少富豪会一掷千金来提升寿命预期和质量，而这种情况的出现，也与生物科技的飞速发展有关。

贝佐斯为求"不老"，重金投资生物科技公司 Altos Labs，每年花费 200 亿美元使用基因重编程技术来刺激细胞实现逆生长。

海外知名支付平台 Paypal 创立人彼得·蒂尔，为了活到 120 岁的这个目标，从 52 岁时就每年花费 700 多万"换血"，还因此被人戏称为"吸血鬼"。

早在 2017 年，就有传闻说某位地产大亨拿到了哈佛某种实验产物，也就是 WLife 前代品，用后感觉"好似回到 20 岁"，还投资了 2500 万元来加大研究力度。

乔布斯曾说："没有人想死，即使是那些想上天堂的人，也渴望能够活着上天堂。"

而每一个长期主义者，都应该最大可能地维持健康的身体，为赢得未来的收益建立基本的前提。

因为健康地活着，才有可能穿越周期，才有其他更大的无限的可能。

四、做一个奉献社会的投资者

巴菲特坚持"滚雪球"式的长期投资,把财富的增值建立在投资企业的发展壮大之上,拒绝追涨杀跌,拒绝"割韭菜",用资本的力量为股东和社会创造了巨大的价值,充分彰显了长期主义和"滚雪球"的重要意义和独特魅力。

然而,巴菲特生活相当节俭。如前所述,亿万富翁都住在豪宅里,但巴菲特不是。他住在1958年以3.15万美元买下的、位于内布拉斯加州奥马哈市的住宅里,放到现在,也就值几百万元人民币。在饮食方面,他也很节约,经常食用廉价食物。他的朋友比尔·盖茨在博客上透露:巴菲特的旅行早餐可能由一包奥利奥搞定。"沃伦的饮食习惯让人惊讶,他基本上一直坚持吃他六岁时喜欢吃的东西,"盖茨写道,"他主要吃汉堡包、冰激凌和可乐。"比尔·盖茨回忆了他和投资人的一次旅行,期间巴菲特用优惠券支付了他们的快餐费用:"还记得我们一起去中国香港旅行时,决定在麦当劳吃午饭时的笑声吗?你提出要付钱,然后从口袋里拿出……优惠券!"

节俭的同时,巴菲特却以自己创造的财富,做了影响巨大的慈善事业。

2006年,巴菲特做出承诺,最终将把伯克希尔·哈撒韦所持股份的85%左右捐给五家基金会,其中大部分将主要捐给比尔和梅琳达·盖茨基金会。

2010年,比尔·盖茨夫妇与巴菲特共同发起"捐赠誓言(The Giving Pledge)"计划,旨在促成全球最富有的人加入慈善捐赠队伍,将自己绝大部分的财富用于慈善事业。

巴菲特自2006年以来已经捐出了他持有的超过一半伯克希尔·哈撒韦股票,按照捐款时的价值计算,这些股票总额约455亿美元。按照彭博实时富豪榜,巴菲特身家1010亿美元,455亿美元接近半数身家。

巴菲特曾在《财富》杂志上发表了名为《我的慈善承诺》的亲笔信,就自己决定"裸捐"的原因进行了详细阐述。

"首先，我承诺：在我有生之年或去世时将向慈善机构捐出99%以上的个人财富。按美元计算，这是个数额很大的承诺。但相对而言，每天都有很多人向他人捐献了更多。数以百万计的人经常捐助教堂、学校和其他机构，并因此放弃了自己使用这些钱，他们原本可以以此惠泽家人。他们把钱投入募捐箱或捐给联合公益基金会（United Way）时，就等于舍弃了看电影、外出就餐或其他个人享受。相反，兑现捐献99%财富的承诺并不需要我和我的家人舍弃任何所需、所欲。"

巴菲特在信中还写道："我所能做的是拿出大量伯克希尔·哈撒韦公司的股票——这些'索取凭证'兑换成现金之后可以购买到很多资源——用以惠及那些由于命运不济在生活中遭遇不幸的人。迄今为止我已经捐出了20%的股票（包括巴菲特的亡妻苏珊·巴菲特捐献的股票）。我将继续每年捐赠4%左右的持股。我全部的在伯克希尔持股的钱款，最迟将在我的遗产清点完成后10年内用于各种慈善事业。"

巴菲特持续进行慈善事业，一项很有名的行动就是慈善午餐。2022年，巴菲特最后一次慈善午餐以1900万美元成交。巴菲特慈善午餐就是和"股神"巴菲特在纽约知名的牛排馆共进午餐的活动，活动自2000年开始，已有22个年头，此项拍卖所得悉数捐给位于旧金山的慈善机构葛莱德基金会，用于帮助当地的穷人和无家可归者，并自2003年起将eBay作为竞拍平台，迄今为止已募集了5300万美元的善款。

巴菲特说："我不是财富的热衷者，特别是当世界上有60亿人还比我们穷得多的时候。安德鲁·卡耐基说过，从社会获取的巨大财富必将有一天重归社会所有。当我们的财富已扩张到惊人的规模时，我们觉得唯一处理这笔财富的方式就是让它回归社会。"

2021年6月23日，巴菲特宣布，辞去比尔和梅林达·盖茨基金会受托人的职务，并向五家基金会捐赠价值41亿美元的伯克希尔·哈撒韦公司股票。这一年的捐赠标志着这位传奇的投资者已经兑现了他一半的承诺。巴菲特在声明中说:"今天对我来说是一个里程碑。2006年,我承诺将我所有的伯克希尔·哈撒韦公司股份——超过我资产净值的99%——捐给慈善事业。如果加上今天41亿美元的捐赠,我已经完成了一半。"

慈善事业进一步丰富和提升了巴菲特投资事业的意义。它将长期主义、价值投资的作用发挥到最大,把创造的财富和价值的影响扩展到更大范围和更加久远的未来。

每年4月底5月初,几万名"粉丝"从世界各地涌向美国中西部小城奥马哈,参加伯克希尔·哈撒韦的股东大会,享受投资的知识盛宴,其中每年大约有1/10是中国人。他乐于把行之有效的知识、理念分享给人们,为全世界的投资者提供有益的建议。

第四章

价值投资

　　我现在给你一张只有20个打孔位的卡片。在这个卡片上,你只能打20个孔,这20个孔代表着一生中,你可以做的所有重要的人生投资选择。每当你做出一个重要的选择,就要在这个卡片上打一个孔。一旦打完所有20个孔,你就不能再做任何投资选择了。如果是这样的话,我想你一定会认真考虑每一次选择。你会被迫三思而后行,竭尽全力做好每一次选择。

——沃伦·巴菲特

第一节 价值投资的真身

一、价值投资的历史

滚雪球的核心在于湿湿的雪、长长的坡,其本质在于滚雪球要有一个"势能",也要有一个动能,其根本在于,雪球要有一个越滚越大的发力点。在投资中,这个发力点就是投资标的的价值。一个投资标的如果具有长期持有的价值,雪球就能滚起来;如果一个投资标的没有任何前景可言,那么这个雪球是无论如何也滚不起来的。

价值投资就是这样一种常见的投资方式,专门寻找价格被低估或者优秀且价格合理的证券。

但价值投资是从哪里来的,有哪些演变过程?以下这些历史有助于我们真正了解价值投资。

下面就用几个代表人物的思想理念,来回顾价值投资的发展脉络。

(一)本杰明·格雷厄姆

本杰明·格雷厄姆(1894—1976年),是公认的价值投资流派的创始人,也是证券投资分析领域最重要的思想家。格雷厄姆1894年5月9日出生于英国伦敦,婴儿时期随父母移居纽约。

1914年格雷厄姆从哥伦比亚大学毕业后,来到纽伯格·亨德森·劳伯公司,不久被提升为证券分析师。

当时,人们习惯以道氏理论和道·琼斯指数来分析股市行情,而对单一股票、证券的分析尚停留在较为原始、粗糙的阶段,投资者普遍认为投机风险太大，令人难以把握，人们过多地依靠直觉和感性进行投机。格雷厄姆发现，一般公司常常会千方百计隐瞒利润以在债权清理时逃脱责任，导致股票价格往往大大低于其实际价值。而操纵者可以通过发布消息来控制股价的涨跌，股市一直在混乱状态下运行。

格雷厄姆开始从上市公司本身、政府管理单位、新闻报道、企业人士等多种渠道收集资料，并进行研究分析，搜寻那些拥有大量隐匿性资产的公司。1915年9月，他发现哥报海姆公司有大量不为人知的隐蔽性资产，于是建议大量买入该股票，截至1917年，这次投资的回报率高达18.53%。

从此，他开始建立自己的投资分析方法，开创了价值投资的投资模式。

1923年年初，格雷厄姆自立门户，成立了格兰赫私人基金。他的第一个大手笔是购买杜邦公司股票。

1920年，美国军火巨头杜邦公司利用通用汽车公司正陷于暂时无法偿还银行贷款的财务困境的时机，兼并了通用汽车公司，形成了两公司交叉持股的状况。1923年8月前后，第一次世界大战结束，美国经济进入复苏阶段，杜邦公司失去了军火暴利来源，股价急剧下滑，每股股价仅维持在297.85美元左右；而通用汽车公司因汽车市场需求的大增而利润直线上升，每股股价高达385美元。

格雷厄姆注意到杜邦公司和通用汽车公司股价之间存在巨大的差距。经过分析，他认为由于杜邦公司持有通用38%以上的股份，而且这一份额还在不断增加，所以市场现阶段两种股票之间的价格差距就是一种错误。格雷厄姆不仅大笔买进杜邦公司股票，而且大笔卖出通用汽车公司的股票。两个星期后，杜邦公司股价一路攀升，升至每股365.89美元，而通用汽车公司股票随之下跌，跌至每股370美元左右。格雷厄姆迅速获利了结。

格兰赫基金运作一年半，其投资回报率高达100%以上，远高于同期平均股价79%的上涨幅度。

但是，在1929年9月5日开始的华尔街崩盘中，格雷厄姆几乎到了破产的边缘。

华尔街惨遭重创的时期，也正是格雷厄姆关于证券分析理论和投资操作技巧日渐成熟的时期。1934年年底，格雷厄姆完成了他的《有价证券分析》这部划时代的著作，并出版了《上市公司财务报表解读》《聪明的投资者》等著作，全面阐述了价值投资理论的基本思想，首次把逻辑和分析的原理引入投资理论中，第一次在理论上把投资者放到股票市场的中心，从理论上打破了股票市场是投机市场的"迷信"，比较完整地提出了价值投资的思想，对华尔街的投资者产生了深远的影响，并由此奠定了他作为一个证券分析大师和"华尔街教父"的不朽地位。

他的价值投资理论可以概述成一句话——投资就是价值回归或者价值发现的过程。他的理论包括以下三点。

1. 内在价值理论。

格雷厄姆认为，买入股份相当于买入公司的一部分所有权，证券市场短期是投票器，长期是称重机。

如果要想以合理的价格购买一只股票，那么判断股票的内在价值就非常重要。格雷厄姆首先要告诉我们的是，股票有其内在价值，但是无法精确推算，作为投资者，只需要知道内在价值的大致范围就可以了。

内在价值是一个难以捉摸的概念，人们根本无法、也根本没有必要精确了解一个股票的内在价值。对此，格雷厄姆说："证券分析并不是为了确定某只证券的内在价值，而是为了证明其内在价值是足够的。""内在价值是取决于事实的价值，这些事实包括公司资产利润和分红以及未来的明确前景。最重要的因素是未来的盈利能力，一个公司的内在价值取决于未来预期，即利润乘以合适的资本化系数，这个资本化系数和利润受到公司利润的稳定性、资产、分红政策和财务健康状况的影响。"

格雷厄姆认为，"定性因素难以合理准确地评价"，他认为定量分析与定性分析必须结合在一起，不能偏废，但是定量因素一定是分析的基础，是前提。

2. 安全边际理论。

格雷厄姆认为，要以安全边际原则为选股基石。他提出，"安全边际均体现为以低于分析师所衡量的最低内在价值的折价出售股票"。这是做到确保安全和防范风险的重要步骤。

这就是巴菲特所说并被无数人经常挂在嘴边的"以40美分买进一美元的东西"。

但是，要确定一美元的价值并不容易，这里不仅涉及定量分析，还涉及定性分析。

在评估一只股票的内在价值时，尽可能保守，也就是做到"最低"，在此基础上，如果市场价格仍有一个折价，这个折让部分就代表了"安全边际"，折价部分越大，意味着安全边际也就越大。

格雷厄姆将此称之为"物超所值的个股策略"，目标就是努力寻找价值被低估的股票，如果以40美分买入价值一美元的东西，赢的概率远大于亏的概率。

通过低价买进被市场低估的资产，然后等待价格回归。所以，这种方法也被称为"捡烟蒂"的方法，即使是业绩较差的公司，只要它的股价跌得足够多，低价买入然后等价格回归就好了。

在20世纪20年代市场很不成熟、投机盛行、方式方法十分混乱的情况下，格雷厄姆用极度保守的估值方式（保守到清算价值还要大打折扣），开创了一条实现稳赢的投资之路。

好的股票还必须有好价格，这样的股票才值得投资。20世纪70年代，美股的"漂亮50"也由于市盈率过高而增速下降跌得很厉害，给投资者带来惨重损失。而在中国，有些投资者死守"优质股"，在贵州茅台市盈率70

倍的时候，依然盲目买入，这就是把自己推向了危险的边缘。

3. 市场先生理论。

格雷厄姆提出："设想你在与一个叫市场先生的人进行股票交易，每天市场先生一定会提出一个他乐意购买你的股票或将他的股票卖给你的价格，市场先生的情绪很不稳定。因此，在有些日子市场先生很快活，只看到眼前的美好，这时市场先生就会报出很高的价格；其他日子，市场先生却相当懊丧只看到眼前的困难，报出的价格很低。另外市场先生还有一个可爱的特点，他不介意被人冷落，如果市场先生所说的话被人忽略了，他明天还会回来同时提出他的新报价。市场先生对我们有用的是他口袋中的报价，而不是他的智慧，如果市场先生看起来不太正常你就可以忽视他或者利用他这个弱点。但是如果你完全被他控制，后果将不堪设想。"

格雷厄姆以"市场先生"的名义，直观明了地解读了正确面对市场非理性波动的方式。市场的非理性波动是我们的朋友，能够提供以非常低的折扣买入和非常超值的价格卖出的机会。"低买高卖"又是全世界最难做的生意，但是"低买高卖"是股市赚钱永恒不变的道理，这就决定了如何和"市场先生"交朋友。

对巴菲特而言，格雷厄姆的"股票看作是企业所有权的一种凭证""市场先生""安全边际""基本面"等概念，无疑具有重大的启发意义。巴菲特说："我很荣幸有机会来谈谈本·格雷厄姆，我这一生有时候运气很好，运气最好的一次是1949年，当时我19岁，在内布拉斯加州林肯市，我拿起了一本名为《聪明的投资者》的书，这本书不但改变了我的投资理念，而且完全改变了我的人生。如果不是读了这本书，我不会是现在的我，也不会过现在这样的生活。从这本书里我获得了坚定的投资理念，这个理念从读过这本书以后就没有改变过，我只是多多少少变通了一些，是本·格雷厄姆的理念引领我走上了正确的道路。"

巴菲特在写给伯克希尔·哈撒韦公司股东的信中,对此书评论道:"我已经记不清我买第一本《聪明的投资者》花了多少钱了。无论花了多少钱,都可以彰显格雷厄姆书中那句格言的真谛——价格是你支付出去的,价值是你所获得的。我做过的所有投资之中,买格雷厄姆的这本书就是最好的投资(我买的那两本结婚证除外)。"

格雷厄姆的经典投资语录有:

作为一个成功的投资者,应遵循两个投资原则,一是严禁损失,二是不要忘记第一原则。

保持安全边际与组合投资是好伴侣,因为单只股票的安全边际保护可能失效。

市场短期爱选美,长期爱测体重。

牛市是普通投资者亏损的主要原因。

投资组合应该采取多元化原则,投资者通常应该建立一个广泛的投资组合,把投资分布在各个行业的多家公司中,其中包括投资国债,从而减少风险。

(二)菲利普·费雪

菲利普·费雪(Philip A. Fisher,1907—2004年),生于旧金山,现代投资理论的开路先锋之一,成长股投资策略之父,教父级投资大师,华尔街极受尊重和推崇的投资家之一。

1928年,费雪毕业于斯坦福大学商学院,应聘到一家银行做一名证券统计员,开始了他的投资生涯。

1929年上半年,美国经济一片"繁荣",美股不断创下新高,市场情绪高涨,但费雪却发现许多产业出现供需问题,前景很不明朗。8月,他向银行高级主管提交一份"25年来最严重的大空头市场将展开"。这个预测真可谓石破天惊,足以让费雪在证券市场历史上写下浓墨重彩的一笔。只可惜,费雪"看空做多",他说:"我免不了被股市的魅力所惑。于是我到处寻找一些还算便宜的股票,以及值得投资的对象,因为它们还没涨到位。"他买入了三只股票,并损失惨重。

此后,费雪跳槽到一家证券经纪公司,并于1931年3月1日创立了费雪投资管理咨询公司。1942—1946年费雪服役三年半,战后,他的投资顾问事业重新开张。自1954年以后,费雪所投资的股票升幅远远超越指数。1955年买进的德州仪器到1962年升了14倍,随后德州仪器暴跌80%,但几年后又再度创出新高,比1962年的高点高出一倍以上。

20世纪60年代中后期,费雪开始投资摩托罗拉,持有21年,股价上升了19倍——即21年内股价由一美元上涨至20美元。不计算股利,折合每年平均增长15.5%。

1961年和1963年,费雪受聘于斯坦福大学商学研究所,教授高级投资课程。

1999年,费雪接近92岁时才退休。

2004年3月,一代投资大师与世长辞,享年96岁。

费雪的代表作品有1957年出版的《怎样选择成长股》、1975年出版的《保守型投资者夜夜安寝》,成为投资界的宝典。他开创性地提出了"成长股"这一概念和理论。在费雪的传世名著《怎样选择成长股》里,他对有关成长股的标准、如何寻找成长股、怎样把握时机获利等一系列重要问题进行了全面而详尽的阐述。尤其是对买入和卖出给出了最直接的"金标准"。巴菲特说:"运用费雪的技巧,可以了解这一行,有助于做出一个聪明的投资决定。我是一个费雪著作的狂热读者,我想知道他所说过的一切东西。"他从费雪身上学到,应该买成长股,而不能光买便宜股。

费雪认为,投资目标应该是一家成长公司,公司应当有按部就班的计划使盈利长期大幅成长,且内在特质很难让新加入者分享其高成长。盈利的高速增长使得股票价格相对而言愈来愈便宜,但股价最终反映业绩变化,使得投资获取丰厚利润。要努力找到现在被市场忽视、但是未来几年内每股盈余将有大幅度成长的少数优质股票。最佳买入点应该是在"盈余即将大幅度改善，但盈余增加的展望还没有推升该公司的股票价格时"。

费雪指出："股市里充满了只知道价格，却不知道价值的人们。"他们的存在是价格偏离价值的根本原因。

费雪建议投资者集中全力购买那些失宠的公司。真正出色的公司数量相当少，当其股价偏低时，应充分把握机会。抱牢股票直到公司的性质从根本发生改变，或者其成长率不再能够高于整体经济。同时，在投资中要学会及时承认错误。

巴菲特在回忆录中曾经讲道："我的血里面，85%流的是格雷厄姆的血液，还有15%流的是费雪的血液。"

巴菲特说自己是85%的格雷厄姆，指的就是"安全边际"这些基石。15%的费雪指的是，在这个基石上对格雷厄姆"烟蒂投资法"转换为"成长股投资法"的替换。后来，他接受媒体采访时表示："我认为我是100%的菲利普和100%的格雷厄姆。他们两人的观点并不冲突，只是侧重点不同而已。"巴菲特认为格雷厄姆和费雪的区别，是估值时运用定量和定性的侧重点不同，定量是以资产为基准的估值方法，定性是以收益为主的估值方法。

巴菲特学习了费雪的"聊天法"，就是要走出去，与投资标的的竞争对手、供应商、客户们交谈，彻底弄清楚一个行业或者一个公司是如何经营运作的。他认为运用费雪的聊天法对企业的信息做一个更直观、更客观、更详细的评判，再结合格雷厄姆的定量分析方法确定企业的安全边际，将可以大大提升投资的成功率。

（三）查理·芒格

查理·芒格（Charlie Thomas Munge），1924年1月1日出生于美国内布拉斯加州的奥马哈。

1948年，芒格以优异的成绩毕业于哈佛大学法学院，直接进入加州法院当了一名律师。此后开始涉足房地产投资，并在一个名为"自治社区工程"的项目中赚到了人生的第一个百万美元。

芒格34岁的时候，遇到了29岁的巴菲特，两人一见如故并惺惺相惜。

芒格对格雷厄姆的思想进行了发展。芒格是这么评价格雷厄姆的："格雷厄姆，他的投资能力不如我和巴菲特，他想通过购买便宜或者烟蒂公司的做法来赚钱，这是一种圈套、一种妄想症，而且这么做永远不会赚到伯克希尔现在赚到的钱，永远不会达到10亿美元或者几亿美元的规模。你这个规模上来了，就不能用那种捡烟蒂的投资方法。"

当然，芒格话锋一转，认为格雷厄姆是一个一流的作家、优秀的老师，也是一个有大智慧的人。他在那个时代，也就是1929—1933年或1950年之前那个时代，他可能是其中唯一一个投资于公司业务即公司基本面的人，而当时那个时代大家都热衷投机。

芒格说，我们一旦突破了格雷厄姆的局限性——用定量的方法、便宜的标准来寻找便宜的股票，我们就要开始考虑那些更优秀的、优质的企业，而伯克希尔·哈撒韦大部分的钱都来自这些更为优质的企业。

1994年，芒格在南加州大学的一次演讲中，系统地评论了格雷厄姆和价值投资，非常到位。

第一，格雷厄姆本人购买股票的时候，世界仍未摆脱20世纪30年代经济大萧条的影响，格雷厄姆就是拿着探测器在20世纪30年代的废墟当中，寻找那些价格远远低于内在价值的股票，当时确实有意义。为什么呢？因为格雷厄姆大部分职业生涯就涵盖了美国股市最绝望的时候，当时确实有很多股票的价值远远低于净资产，甚至股价只是流动资金及净额的一半，格雷厄姆取得了优秀的成就，可是他也不可能做得很大。随着美国经济的恢复和发展，在20世纪50年代中期和末期，这个时候的美国经济，已经从大危机中走出来了，整体经济情况开始上升，那些优秀的企业也真正开始崛起，格雷厄姆原来的那套捡烟蒂的方案已经越来越不适用。芒格不强调这些公司非要有很大的折让才能去买，因为这些优秀的公司本身就是一个折让，本身就会不断超越别人的预期。

第二，格雷厄姆的烟蒂投资法仍有作用，为什么呢？格雷厄姆的拥趸不断地调整他们探测器的刻度，不断地定义什么是便宜股票，这样的话他们通过不断改变定义，依然能够继续原来的做法，这种做法的效果居然也不错。

芒格跟巴菲特说："宁愿以比较贵的价格买入伟大的公司，也不要以便宜的价格买入差的公司。只有这样，你才能真正从长期的市场中享受企业的成长。"巴菲特恍然大悟，不再用以往"捡烟蒂"的投资方法，而是选择买伟大的公司，这才成就了巴菲特的奇迹。在那个阶段，他买入的可口可乐、喜诗糖果，其实在当时的价格并不太便宜，但是因为这些公司是伟大的公司，长期创造了巨大的回报，成就了巨大的奇迹。

巴菲特说："查理把我推向了另一个方向，而不是像格雷厄姆那样只建议购买便宜货。这是他思想的力量，他拓展了我的视野。我以非同寻常的速度'从猩猩进化到人类'，否则我会贫穷得多。"

在巴菲特的投资之路上，芒格扮演着亦师亦友的角色，对巴菲特的投资思想影响巨大。芒格具备跨学科知识的"栅格理论"，帮助巴菲特将伯克希尔·哈撒韦投资体系设计成接近于"物理法则"的系统，最大限度地减少失误和最大概率地保障成功。巴菲特认为热爱建筑设计的芒格最重要的建筑功绩，是设计了今天的伯克希尔·哈撒韦系统："他给我的设计图很简单，忘记你所知道的以低廉的价格买入平庸的公司，相反，要以合理的价格买入卓越的公司。"

芒格的主要投资理念有：

本杰明·格雷厄姆是巴菲特的老师，他主张"安全边际"，认为最好的赚钱办法是投资"廉价股""捡烟蒂"。而芒格让巴菲特整体的投资理念从

"用便宜的价格买一家普通的公司"，进化到了"用合理的价格买一家成长的公司"。芒格在投资中寻找的是复利机器，在选好股票后，他喜欢的投资方式是大量且长期持有，芒格称之为"坐等投资法"。

芒格认为，投资者应注重寻找投资良机，"可长期观察各公司股价，把它们当成一个个格子，若出现一个速度很慢、路线又直，且正好落在你的格子中间的好球，那么就全力出击"，即"好球才挥棒"。

在过去的40多年里，芒格和巴菲特联手创造了有史以来最优秀的投资纪录——伯克希尔公司股票账面价值以年均20.3%的复合收益率创造投资神话，每股股票价格从19美元升至84487美元。

巴菲特将芒格视为一生中最重要的良师益友。他说："我的投资生涯乐趣不断，如果没有和查理搭档的话将会大为失色。他一路秉承自己的'芒格主义'。虽然多数人会给查理冠以商人或者慈善家的头衔，我却认为他更像一位老师。正是因为他对我们的教导，伯克希尔才得以成为一家更有价值而且受人尊敬的公司。"

（四）巴菲特

沃伦·巴菲特（Warren E. Buffett），1930年8月30日出生于美国内布拉斯加州的奥马哈市。1941年，刚刚满11周岁，他便跃身股海，并购买了平生第一张股票。他毕业于哥伦比亚大学商学院，拜师于著名投资学理论学家本杰明·格雷厄姆。

1957年，巴菲特成立非约束性的巴菲特投资俱乐部，掌管的资金达到30万美元。1962年，巴菲特合伙人公司的资本达到了720万美元。巴菲特将几个合伙人企业合并成一个"巴菲特合伙人有限公司"，最小投资额扩大到10万美元，类似于中国私募基金或私人投资公司。

1964年，巴菲特的个人财富达到400万美元，而此时他掌管的资金已高达2200万美元。

1965 年，巴菲特收购此前从事纺织业的伯克希尔·哈撒韦公司，收购之后，巴菲特优化企业运营，把伯克希尔·哈撒韦公司逐步转变成了全球最大的控股公司之一，不断收购陷入困境的企业，掌握控股权和经营管理权，并进一步转型为一家更具规模化的多行业的多元化经营的控股集团，他们不断扩大控股范围，将控股行为深入其他保险、金融、服装、娱乐、食品和饮料、公共事业、家具、家居用品、媒体以及材料和建筑行业等，成为一家规模庞大的保险公司。

巴菲特为业内人士津津乐道的保险公司浮存金，就是投保人支付给伯克希尔·哈撒韦保险子公司的保费，这笔钱实际上不属于保险公司，但它仍然可以在其管理者认为合适的情况下进行投资。资料显示，2020 年，伯克希尔·哈撒韦公司的浮存金为 1380 亿美元，是世界上最大的浮存金之一。实际上，巴菲特的商业模式就是"多元化实业控股集团＋保险业浮存金"双轮驱动。

1968 年，巴菲特公司的股票增长了 46%，而道·琼斯指数才增长了 9%。巴菲特掌管的资金上升至 1.04 亿美元，其中属于巴菲特的有 2500 万美元。

1968 年 5 月，当股市一路凯歌的时候，巴菲特却通知合伙人，他要隐退了。随后，他逐渐清算了巴菲特合伙人公司几乎所有的股票。

1969 年 6 月，股市直下，渐渐演变成了股灾。1970—1974 年，美国经济"滞胀"，股市低迷，让巴菲特发现了很多便宜股票。从 1973 年开始，他偷偷地在股市上买进《波士顿环球》和《华盛顿邮报》，他的介入使《华盛顿邮报》利润大增，每年平均增长 35%。10 年之后，巴菲特投入的 1000 万美元升值为两个亿。

此后，他投资了包括可口可乐、苹果在内的一大批优秀企业，使他的财富如同滚雪球一般不断积累，成为世界顶尖富豪。

2020 年 4 月 6 日，沃伦·巴菲特以 5900 亿元人民币财富名列《胡润全球百强企业家》第三位；2021 年 4 月，沃伦·巴菲特以 960 亿美元财富位列《2021福布斯全球富豪榜》第六位。

2022年5月，伯克希尔·哈撒韦公司市值高达7134亿美元，A级股票价格更是高达484000美元一股，每天A级股票交易数量仅400～3000股不等。按巴菲特的话说，他的高价格的股票几乎无法被用作投机的工具，因此购买者都是坚定的价值投资人。

2022年5月，伯克希尔·哈撒韦公司股东以接近9:1的比例投票支持巴菲特继续担任董事长和首席执行官。

巴菲特价值投资的思想是对格雷厄姆、费雪的传承以及对芒格思想的吸收。

在2008年的伯克希尔·哈撒韦公司的股东报告中，巴菲特将自己的投资原则描述为："当我们谈论股票（Stocks）的时候，其实和讨论袜子（Socks）时是一样的，最后决定买的都是那些质量好而且便宜的东西。"

巴菲特师承格雷厄姆，早期的投资原则就是寻找足够便宜的股票，做"捡烟蒂"式投资。1958年巴菲特运营合伙基金时期，他在给合伙人的信中写道："投资一个低估值且有很好保护（安全边际）的项目，是其获得证券长期收益的可靠手段。"但随着格雷厄姆定量分析方法的普及，巴菲特发现，单纯根据定量分析能够发现的质优价廉的股票越来越少。

在芒格的影响下，巴菲特逐渐把费雪的定性分析方法与定量分析方法辩证结合，既能够通过定量分析确认股价被低估，又能够借助定性分析确定公司质地优良。

巴菲特对美国运通的大规模投资就是在定量分析的基础上，结合定性分析所作出的投资决策。截至1965年，他对美国运通的投资就占了其仓位的三成以上，他说："将价值数百万美元的美国运通股票像铲东西那样铲进合伙公司。"巴菲特在后来给合伙人的信中写道："购买正确的公司（有合适的前景、天生的行业条件、管理等）意味着价格会一路向好……这也是能让收银机真正唱歌的原因，但是这并不正常发生，就和洞察力一样。当然，定量分析不需要洞察力，数字会如一根球棒一样狠狠击中你的头。因此，大钱往往是那些能够做出正确的定性决策的投资人赚到的。"

巴菲特认为投资最重要的有三个因素，一是公司的内在价值，二是安全边际，三是市场波动。也就是说我们要做好投资，第一要研究好公司的内在价值，看它到底是不是好公司；第二要等待一个具有安全边际的价格，也就是市场极度恐慌的时候买入；第三就是要正确看待股价的波动。

巴菲特曾经说过："如果你不能眼睁睁地看着自己看好的股票跌一半而面不改色的话，你就不适合做价值投资。"他甚至说："如果你看到重仓的股票跌一半而不感到开心的话，说明你并不是真正看好它。"

通过上述回顾分析，我们发现，价值投资的理念和方法自格雷厄姆始，经历费雪、芒格等人发扬光大，最后巴菲特成为集大成者。巴菲特的投资理念成为价值投资的经典。

二、价值投资的内涵

回顾价值投资大师的思想理念可知，每个大师对价值投资的理解不是完全一致的，甚至是有冲突的，比如格雷厄姆主张买便宜股，但费雪却建议买成长股，而芒格又建议用合适的价格买优秀公司，巴菲特也从未承认自己是"价值投资者"。一时间，对于价值投资的内涵众说纷纭。一些代表性的观点有：

第一，价值投资就是实业投资思维在股市上的应用，其目的是获取企业发展、扩大带来的股票上涨所产生的收益。价值投资要求投资者必须认清股票的本质概念，买卖股票是买卖公司的股权而不是虚无缥缈的东西。在公司不断创造利润价值的过程中，投资者享受其成果。价值投资要求投资者以合适的价格去持有合适的公司股票从而达到某个确定的盈利目的。

对于"买股票就是买股权"，巴菲特说："我每天都跳着踢踏舞去上班。""每天早上去办公室时,我就感觉好像要去西斯廷大教堂画壁画一样。"巴菲特的投资方法和策略让他在投资活动中感到足够的快乐。他的办公室没有用几块电脑屏显示世界各地股票市场的即时情况,他对股票每天的涨跌漠不关心。这一切源于他的一个信念,那就是,买股票就是买企业股权的一部分,这一部分股权给他赚钱。他每天花大量时间在研究企业,阅读大量的财报,以发现其中的蛛丝马迹所隐含的投资机会。如果他心仪股票的价格下跌了,他不会因为恐惧而卖出,反而会感到更加开心,因为这样他就可以用更便宜的价格继续买入公司股权。

巴菲特说:"并非因为我只想得到钱,而是因为我觉得赚到钱并且看到钱生出更多的钱是一件很有趣的事情。"他还说:"活着,快乐最重要,亿万财富不会带给人才能和成长,反而会消磨人的激情与理想。从一定意义上讲,金钱只是一串无意义的数字,只要具有乐观、自信、英勇、勤于思考的性格,就会收获快乐而丰厚的人生。"

第二,价值投资是指投资者在股票投资时,不关注股票价格的波动,而主要关注企业的内在价值。价值投资一般会选择低估值或者基本面良好的股票,并长期持有。

第三,价值投资是基于全面分析,并确保本金安全与满意回报的投资方式。全面分析是投资手段,价值投资的本金安全是风险控制要求,满意回报是收益目标。投资成功的基石是安全边际。

第四,价值投资就是基于对一种商品或股权现在和未来值多少钱以及当前市场价格为判断依据的,决定是否将自己现在的购买力出让,以期待未来获得更多购买力的行为。

第五,价值投资是这样一种投资方法,先评估某一金融资产的内在价值,并将其与市场提供的现价相比,如果价格低于价值,并且能够提供充足的安全边际,那么就可以买入该标的并持有。

以上定义,有一些共同点:

一是认同买入股票就是买入企业股权，成为上市公司股东；

二是认同企业内在价值，而价格最终会体现价值；

三是提倡在具备安全边际的情况下，以低估或者合适的价格买入股票，在股价回归价值过程中获取收益。

上述几个共同点，可以视为价值投资的基本内涵。

（一）价值思维

美国富翁赛斯·卡拉曼（Seth Klarman）在《安全边际（*Margin of Safety*）》中描述了这样一个故事。当沙丁鱼从美国加利福尼亚州蒙特利（Monterey）海域中几近消失匿迹的时候，沙丁鱼交易市场近乎疯狂，沙丁鱼商品交易员互相竞标而使得每罐沙丁鱼的价格飙涨。一天，一个买家决定以一顿昂贵的晚餐好好犒赏一下自己，于是他真的打开了一罐沙丁鱼罐头并开始吃起来，可是不一会儿他就感到肚子不舒服，赶紧告诉卖家说沙丁鱼有问题。卖家如此回答："嗨，你没搞懂，这些沙丁鱼不是用来吃的，它们只是用来交易的。"

格雷厄姆在其《证券分析》中这样定义投资和投机："投资是根据详尽的分析，使本金安全和满意回报有保证的操作。不符合这一标准的操作是投机。"这里最关键的是"详尽的分析"，说到底就是看你买的沙丁鱼是真的可以吃呢，还是只为了交易。

杰出的价值投资者、《安全边际》一书的作者赛思·卡拉曼说："价值投资是一门关于以大幅低于当前潜在价值的价格购买证券，并持有至价格更多地反映这些价值的学科。便宜是这个投资过程的关键，用价值投资者的话说，便宜是指用 50 美分买下价值一美元的物品。"

如果投资者认为一个股票被严重低估，于是买进，一个月后，这个股票果然暴涨翻番，又严重高估了，马上获利了结，投资期限虽短，却是正确的投资观；相反，如果投资者认为它涨了还会再涨，愿意相对长期持有，这实际是趋势投机而非投资了。

前期股市人气旺盛、出人意料地涨了又涨，其中想必有不少是只用来交易的"沙丁鱼罐头"。建议正在场中左奔右突或者正想进场的投资人不妨审视一下自己的股票，看其是否只是交易用的沙丁鱼呢，还是真正可以吃的沙丁鱼？

当很多人在炒作股票的时候，会面临一个又一个的热点，比如东数西算，比如区块链，我们可能根本不知道什么是东数西算和区块链，这些上市公司的业绩、管理、前景、"护城河"、可持续发展能力如何，那更是无暇去了解的，只是看到市场上在热炒，就匆匆跟风，这就完全背离了价值思维。

1998年，巴菲特在佛罗里达大学商学院回答学生的提问时，学生问："你是否买入过数据显示达不到买入条件的公司？定性和定量因素各占多少？"巴菲特回答："最好的买入发生在数据显示你最不应该买入的时候，因为那时候你可能对公司的产品非常关注，而不仅仅是犹如'烟蒂'般的价格，这时候正是买入的好时机。"

1987年，美国股市大崩盘，巴菲特可能是整个美国唯一没有时时关注正在崩溃的股市的人。巴菲特的办公室里根本没有电脑，也没有股市行情机，他根本不看股市行情，根本就不会恐慌地抛售股票，甚至不会计算自己的账面财富已经大幅缩水，整整一天，他和往常一样安安静静地待在办公室里，打电话，看报纸，看上市公司的年报。过了两天，有记者问巴菲特：这次股灾崩盘，意味着什么？巴菲特的回答只有一句话："也许意味着股市过去涨得太高了。"他什么都不害怕，因为他相信自己投资的上市公司具有持续的竞争优势和良好的发展前景，具有很高的投资价值，完全可以持续持有，即使这个市场出现了大起大落。

这个故事的核心是，"价值"给了巴菲特足够的底气。对于投资者而言，这个"价值"不仅是一个概念，而且应该是一个公理，"买有价值的东西""做有价值的事""投资有潜力的标的"，无论是投资房产，还是投资股票，本质都是一样的，那就是购买它们的"价值"。

购买"价值"，有三种情况：

第一种，溢价购买，因为价格最终体现价值，就会面临亏损；

第二种，平价购买，最终不亏也不赚；

第三种，低价或者合理价格购买，价格随着价值提升，将会获取收益。

股价和上市公司内在价值的关系可以用钟摆理论来进行说明：把钟摆中间的位置，看作企业的内在价值，钟摆往左摆代表了上市公司的股价低于内在价值，向右摆则是高于内在价值，钟摆总是在内在价值左右进行摆动，要么低估了，要么高估了，停留在内在价值位置的时间是最短的。做价值投资就要做逆向投资，就像钟摆一样，当钟摆摆向左边比较多的时候，可能是一个建仓优质股票的时机，因为钟摆摆到左边，将来一定会摆回到右边；而当股价过度上涨出现泡沫的时候，也就是钟摆摆到最右边的时候，我们则要进行适当的减仓来降低市场成本，可以预计摆到右边过多，最终一定会摆到左边。钟摆理论很好地解释了如何在股价大幅波动的时候坚持做好公司的股东，避免追涨杀跌，要做到逆向投资。

但是，价值不会明显地写在股票上面，价格在绝大部分时间里并不能精确体现股票价值。因为市场先生是一位躁郁症患者，兴奋的时候，股价高涨；抑郁的时候，股价低迷。对于价值投资者而言，就应该找到一个合适的标的，用低价或者合理价格买入，坐等收益。

这里的合理价格，就是巴菲特说的——"以合理的价格买入一家优秀的公司，胜于低价买入一家平庸的公司"。

这个优秀的公司包括已经形成"护城河"、具有市场统治地位的成熟企业，也包括正在快速成长中的新兴企业，这类公司正处于高速增长阶段，需要留存较多的盈利作为再投资的资本，他们在短期内通常对股东支付的红利并不多，但随着公司的发展、实力的增强和利润的大幅度上升，投资者不仅可以获得丰富的股利收入，而且还可以从股价的日趋上升中赚取大额的买卖价差。

（二）股权思维

价值投资的第一条原则，是"买股票就是买公司的一部分股权"。格雷厄姆说："最聪明的投资方式就是把自己当成持股公司的老板。"这句话也被巴菲特认为是关于投资理财的最重要的一句话。

有了股权思维，就意味着不会轻易换手。巴菲特的持仓时间：前10只股票持仓为32.7个季度，换手率为1%；前20只股票持仓为27.3季度，换手率为1.22%；平均持仓是28个季度，换手率为1.85%。

股权思维就是选择优质的公司，然后大比例地集中、长期持有。巴菲特投资单个股票的限额是该类投资总金额的40%，并以买入之后永不卖出为目标，通过极低的换手率，控制了手续费和资本利得税等交易成本。长期持有，时间能熨平风险的同时，还能产生复利效应。

2020年3月，新冠肺炎疫情刚刚爆发的时候，美股出现暴跌，两周出现了四次熔断。而巴菲特作为持仓金额最大的私募，资金回撤巨大。媒体报道巴菲特一度回撤1000亿美元，也就是说他浮亏了40%。这是在短短两周的时间内发生的。记者问巴菲特："你会不会躲过不了这次股灾？"巴菲特回答："没什么好紧张的，我持有的公司经营好好的，不会受到股价暴跌的影响。而我持有的股份一股没少，这仅仅是价格的波动。"

股票的本质就是公司的所有权，这实际是一个制度性观念。股票就是上市公司将股份证券化后在公开市场上交易，持有股票是可以享有公司的分红权和投票权的，分红权是一种被动选择的权利，大多投资者都能享受到，但许多个人投资者很容易忽视投票权，因为这项权利需要自己主动去交易系统上操作。对于个人投资者来说，因为普遍持有的股份比例比较小，投票权的影响也很小，作用微乎其微，你感觉不到其价值，但这并不影响股票本身的权益。

既然买股票就是买公司，那么公司的长期价值理应决定股票价格。长期来看，股价是由上市公司的价值决定的，而不应是由短期的资金推动的。所以，对于真正的投资者来说，应该更多地去研究公司的价值，而不是跟随股价的波动。关注公司的长期价值才是价值投资需要做的事情，而不应过多地关注资金面的博弈。

股权思维是价值投资和滚雪球的重要思维。只有把自己当成上市公司的股东，才能够做到：

第一，真正关心和了解上市公司的业务模式、优劣势、经营业绩、"护城河"；

第二，与上市公司同呼吸共命运，熬过经营业绩、股价的低潮期，扛过行业周期和经济周期的波动，迎来价值回归，真正与上市公司共成长。

（三）安全边际思维

格雷厄姆在《聪明的投资者》中提出"安全边际"的概念，他认为，"投资者应该在他愿意付出的股价和他估计的股票实际价值之间有一个较大的差价。这同开车时留有一些余地是同样的道理。如果这个差价留得足够大，投资者就应该是安全的"。

虽然从企业的基本面看，价值可能会持续上涨，但对应的股价可能会因为市场的持续不理性导致需要很长一段时间才能回归。所以，即使是优秀的公司，如果买在泡沫高点，也是会有人被套的。如果认为股价是价值的体现，那么当价格暂时不能体现价值的时候，我们就可能发现安全边际。

安全边际是指，投资者在他愿意付出的股价和他估计的股票实际价值之间留出的差价。

为什么价值投资者都要预留安全边际？因为面对强大的市场，我们作为投资者是非常脆弱的，更何况是个人投资者，所以我们需要足够的安全边际保护资金安全。一家上市公司的每股内在价值为100元，当前价格为

80元，如果此时买入，就可以说具备了安全边际。价格与内在价值差距越大，安全边际越大。通过安全边际虽然不能保证避免损失，但能保证获利的机会比损失的机会更多。

格雷厄姆关于安全边际的观点是：一是基于对公司未来盈利预测受到多方因素影响的特性，预测出的未来盈利本身存在很大的不确定性，因此预测必须遵循保守原则；二是足够的安全边际意味着企业内在价值远高于其市场价格，例如价值远高于价格的50%以上；三是格雷厄姆的定量分析法存在合理误差，解决这一问题的办法是分散投资，"一定要分散投资至少10只、最多30只股票"。

对此，芒格有不同看法。他希望巴菲特不仅仅是以纯粹的数据条件对安全边际进行定义，还可以将评价因素扩展到更多相关因素上，进行定性分析。巴菲特在此启发下，将安全边际从公司的账面价值、市盈率、市净率，转向对公司未来的前景、管理层的能力、公司的特许经营权、品牌、利润率、销售增长率、资产回报率等与公司增长的因素上，并从完全不了解公司、只通过看报表买卖股票到调查研究并深入分析公司、增加投资成功的概率上。

1965年年底，巴菲特觉得合伙人应该了解一个新的"基本准则"："我们远远没有像大多数投资机构那样进行多样化投资。也许我们会将高达40%的资产净值投资于单一股票上，而这是建立在两个条件之上——我们的事实与推理具有极大可能的正确性，并且任何大幅改变投资潜在价值的可能性很小。"正在此时，巴菲特刚通过"高度可能性的洞察力"，运用品牌定性分析的方法投资美国运通大获成功。后来，巴菲特投资可口可乐和《华盛顿邮报》，都是采用的这个估值逻辑。

（四）市场先生

市场价格总是在变动，这是因为"市场先生"的情绪在波动。

我们在之前介绍过"市场先生"，它来自格雷厄姆讲过的一个寓言故事。

市场先生的情绪变化会影响股价的波动，但是上市公司的经营好坏大多数时候是不受市场情绪影响的，这就造成了价格与价值的差距的存在，也就是交易机会。对于上市公司来说，不管股价是涨还是跌，它的业绩不会受到多大影响。

市场先生有利于公司的"价格发现"，对价值投资者而言裨益多多。当市场热度很高的时候，股价暴涨，严重偏离内在价值，此时给出了价值投资者卖出兑现收益的好时机。相反，当市场极度悲观的时候，股价暴跌，当股价远低于内在价值的时候，这也正是价值投资者买入筹码的好时机，超额收益往往就是此时买入才能获得的。

彼得·林奇说："第一，不要因恐慌而全部贱价抛出，如果投资者在股市暴跌中绝望地卖出股票，那么所卖出的价格往往会非常之低；第二，对持有的好公司股票要有坚定的勇气；第三，要敢于低价买入好公司股票。"

因此，极端的"精神病人市场先生"是这样的一个人，他的报价是疯狂式的，以至于他的交易对手被分成两种人：

第一种，受到蛊惑的人。

这类人在股票价格高涨的时候受到市场非理性的激情的煽动，急匆匆地跟风买入，想抓住最后的机会，分到市场的一杯羹；在市场价格暴跌的时候，恐慌性地卖出，在市场的挤兑中割肉离场。这就是所谓追涨杀跌。事实上，华尔街有这样一句名言，"明天股价涨或者跌，世界上只有两个人知道：一个是上帝，另一个是骗子"。

第二种，受到启发的人。

当市场非理性波动的时候，理性的价值投资者往往会抓住市场先生的报价，在报价低于内在价值的时候择机买入，在报价高于内在价值的时候选择卖出，真正享受"市场先生"带来的价差收益。

巴菲特说的"别人贪婪时我恐惧，别人恐惧时我贪婪"，正是对市场先生的报价的利用。

1939 年，第二次世界大战全面爆发，美国股市和美国经济一起陷入了深深的熊市当中。此时，年仅 27 岁的便宜货猎手邓普顿爵士并没有被卷入铺天盖地的恐慌当中，他在冷静地观察着所发生的一切。随后他做出了自己人生中最重要的一次投资决策，他借钱大量买入了美国的一揽子股票组合，共计 104 只。

四年后，他买入的这 104 只股票中有 37 家公司破产了，但邓普顿爵士却在整个投资组合中获得了整整四倍的收益，这其中，他在一支铁路股上足足赚了 39 倍。

格雷厄姆说过，从短期看，市场是投票器；从长期看，市场是称重器。意思是说，短期内影响市场价格的是投资者的心理，以及由此带动的资金流动；而从长期看，决定市场价格的是其内在价值。

巴菲特说："如果你看到自己重仓的股票下跌而感到不开心的话，说明你不是真正看好这个公司。如果你真正看好它，股价下跌你应该会开心，因为你可以买到更多的东西。"这实际上就是对市场先生的利用。

实际上，市场波动正是一个非常好的机会，大波动是大机会，小波动是小机会。市场先生带来的价格波动应该为我所用，而不是扰乱我的逻辑。从这个角度来看，真正的价值投资者应该也是逆向投资者，在市场恐慌的时候买入，在市场疯狂的时候卖出。

这里引申出一个重要的问题，那就是，择时是否重要？

很多标榜"价值投资"的投资者说，价值投资就是看好股票的长期价值，在何时买入并不重要，因此，即使一个股票价格出现了泡沫，远远超出了安全边际，也义无反顾地买入、坚持不懈地持有，号称"价值投资"。实际上，这是不可取的，价值投资必须考虑买点。一般来说，好的买入点有以下三种。

第一种，大熊市。

大多数股票遇到熊市都容易遭到不理性的抛售，这时如果投资标的出现打折现象，那么就是该贪婪的时候。

第二种，行业萧条。

行业出现暂时性问题，但标的公司并不受影响。例如，全行业在三聚氰胺困扰下的伊利股份，问题不出在伊利本身，但由于市场出现恐慌性抛售，给了投资者很好的买入机会。

第三种，"王子落难"。

优质企业在某阶段业绩不达预期，则股价容易下跌，特别是高速增长的公司，人们预期很高，估值水平相应也处于高位，很难找到合适的买入时机，而暂时的业绩不达预期反而给投资者一个机会，当然前提是公司基本面依然良好，且未来增长可期。

对于普通投资者而言，市场先生显得更为友好。因为机构有业绩压力，往往是以年度甚至季度作为考核周期的，所以机构只能是中短线操作；而个人投资者没有短期业绩考核压力，可以用更长的时间来做自己的投资组合，坚持价值投资，这是个人投资者的优势。

投资，就是在充满不确定性的世界追求确定的事情。

市场先生不论多么狂躁，多么抑郁，他的平均表现就是"正常"，因此他至少有一个时刻，而且经常会在很多时刻要回归正常。

诺贝尔经济学奖获得者罗伯特·席勒曾说过，格雷厄姆和凯恩斯是早期的行为金融学家。这源于格雷厄姆提出的"市场先生"概念——"由于人们的贪婪和恐惧的情绪变化，造成市场波动，使得股票经常被错误定价"。在克服这一人类天性时，格雷厄姆强调"投资者要成为市场先生的主人而不是仆人，要利用好市场波动"。

（五）能力圈思维

据《国际金融报》《证券时报》等媒体报道，2020年4月18日下午，中电电机（603988，SH）创始人、前董事长王建裕通过翻墙，偷偷潜入竞争对手华永电机厂区，被值班保安发现后，扭送至派出所。经介绍，他拍摄的是大功率海上电机。华永电机称，该电机是未来的主流产品，公司拥有该电机的自主研发专利。华永电机董事吴谢良表示："他窃取的是我们最核心的商业机密。"

这件事对于投资者的启示是，一个上市公司的创始人尚且需要"窃取情报"，作为远离上市公司的投资者，单纯从网上找一些资料甚至跟风就能作出一个买卖的决定，就不难理解无数投资者在资本市场上折戟沉沙的原因了。

"能力圈原则"是巴菲特著名的投资原则之一，讲的是投资者只需要集中精力研究看得懂、容易理解的公司，并坚持投资于经过深入分析的公司。

巴菲特曾说："专注于寻找可以轻松跨越的一英尺（约为0.3米）栏杆，而避开那些没有能力跨越的七英尺（约为2.1米）栏杆。"他在选择企业投资的信条是：永远在自己熟悉的行业中选择投资对象，对于自己不熟悉的行业，看起来收益再大的企业也绝不投资。

根据《巴菲特致股东信》词汇表的注解，"能力圈"的具体含义是：一个人判断企业经济特性的能力，聪明的投资者画出一条厚厚的边界，并全心关注他们能够理解的公司。

能力圈原则提倡投资者要培养自己的能力圈，能力圈内要做到彻底了解企业的商业运转模式，能力圈外应该多去和企业家交朋友，而不仅仅是在办公室看报表，这样才能提升对行业真实情况的认识，将圈外发展为圈内。

纵观巴菲特所投资的领域，可以看出他所选择的无不是如保险、食品、消费品、电器、广告传媒等容易评估，未来的前景比较明朗的领域。而像可口可乐、富国银行、吉利刀片、《华盛顿邮报》等所经营的也无不是在其日常生活中常见的产品。巴菲特向来只投资那些五年内，甚至10年内经营模式都相同的企业，而对于网络、电子等变化快速，未来发展无法估量的行业，他极少触及。

巴菲特的投资，很大程度上取决于小时候的经历。小时候，巴菲特贩卖可口可乐，以及邻居是可口可乐的CEO，使他能够在能力圈内从容地买入大量可口可乐的股票，成为其最大的股东。小时候送报纸的经历，使他熟悉报业，《奥马哈太阳报》《法布罗晚报》《华盛顿邮报》成了伯克希尔·哈撒韦的"收费站"。

所谓能力圈，就是投资者应该去投资自己能够理解的行业和公司，能够理解公司的生意模式、产品与服务、市场竞争、团队，等等。

只有坚持能力圈原则，才能对投资的企业有深入的了解，对企业的价值有比较准确的判断。真正对公司长期价值理解十分透彻的投资者，无论公司股价如何波动都不会下车，直到价值兑现或是公司发展出现拐点。

凡是在能力圈范围里的钱，就应该赚到。超出了能力圈范围，跟我没有什么关系，这份钱本来就不该我赚。如果你在能力圈范围内的钱没有赚到，那叫遗憾；如果超出能力圈范围赚到了钱，也没有任何价值或意义，因为早晚会赔回去。

正是对能力圈有敬畏，所以巴菲特很少介入科技公司，或者更准确地说是"互联网公司"。不是说科技公司不好，是因为他的能力圈有限，驾驭不了这些投资。这种敬畏对于巴菲特来说是一以贯之的，例如对于特斯拉的观点。

2004年，埃隆·马斯克投入630万美元担任特斯拉董事长，究其原因，是为了应对全球变暖的危机。他说："我们要为人类创造美好的明天，梦想无价。"特斯拉的发展没有让马斯克失望，人们对特斯拉的认可使其在2020

年涨幅超过七倍，2021年又大幅上涨60%，两年10倍的股价涨幅证明了这家企业无限的可能性。

但是，巴菲特对于特斯拉的投资并不看好。他认为当前的市场价格已经远远超过其内在价值。2021年10月，特斯拉的市值已经突破万亿元，已经超过福特、通用和菲亚特克莱斯勒三家传统车企的总市值之和。但是，特斯拉只是一家交付量极小的企业，虽然有创新性、突破性和巨大的可能性，但是不确定性也相当大，并不符合巴菲特的投资标准。

用芒格的话来说："不知道比特币达到五万美元更疯狂，还是特拉斯达到一万亿美元的市值更疯狂。"

而马斯克也认为，巴菲特似乎已经过时了，还嘲笑巴菲特的工作是"枯燥且乏味的"。

巴菲特对苹果的投资反映了他的投资观。这是格雷厄姆低价格的定量分析思路和费雪以企业价值为衡量的定性投资理念的结晶。

乔布斯去世之后，巴菲特选择投资苹果公司，因为他发现自己的孙女一直玩手机却不和他聊天。恰好在同一时间，他的投资助手推荐了苹果公司。从消费公司角度上看，巴菲特理解了苹果公司，最终做出了投资决策。2016年，在巴菲特买入苹果公司股票的这一年，北欧最大银行北欧联合银行的股票投资负责人纳斯曾说过："苹果已经是一个乏味公司，股票风险不大，可以买入。"可谓英雄所见略同。自从2016年以来，苹果公司的股价涨幅接近五倍，并且从投资比例来说，全球最成功的成长股"捕手"柏基投资（Baillie Gifford）也仅持有苹果公司一成仓位，而巴菲特却持有超过四成仓位。从投资收益的角度上看，对苹果公司的重仓持有意味着"枯燥且乏味"的巴菲特，至少在收益上还是跑赢了特斯拉的。

这就是巴菲特不断拓展自己的能力圈、在能力圈内赚钱的典型案例。

能力圈，意味着真看，真学，真懂，真信。

李录谈起过他在美国时候的一个故事。

那时候，他居住的地方附近有两家加油站，它们在同一个路口上，一边一个，但是他发现有一家加油站的顾客比另一家顾客多很多，哪怕是在相反车道上的车也过来加油。两家加油站的价格其实一样，油也是一样的，是同一个标准。他当时觉得很奇怪，觉得既然是自家的公司，一定要看看到底是怎么回事。他去看了后发现，车特别多的那个加油站的拥有者是一个印度的移民，全家都住在那里。一有客人来的时候，他就一定要拿一杯水出来给客人，客人不喝也会递上，然后还跟客人聊聊天，如果他们家的小孩放学在家的话，还会来帮客人清扫一下车。而另一家加油站的管理人是一个典型的白人，人也不坏。但加油站不是他拥有的，他是拥有者雇来管理的，所以他基本上就在店里面不出来，外面什么样他都不管。就这一点区别，李录根据统计发现两个加油站的车流量在同一段时间内至少差三倍。这个时候他就开始明白，管理人是不是拥有者的心态也很重要。通过这件事，李录就开始慢慢地理解，一个公司为什么能比其他公司赚钱且赚得多的原因了。像这两个加油站就是最典型的例子，完全同质的产品，一点儿差别都没有，但是服务上稍微差了一点点，流量就能差三倍。那位印度人这样做的原因是什么？跟自己一样，因为他是移民，需要钱，如果他不能把顾客拉进来，经济上肯定会有压力。而另一边就没有这样的压力，加油站的利润跟他也没什么关系，他就拿着工资工作，所以就是这一点差别造成了现在这个局面。从这个时候起，李录就开始对公司本身是怎么管理的、每个公司在竞争中有什么优势，哪些优势是可持续的、哪些优势是不可持续的等问题产生了兴趣。所以，后来李录就在他能理解的一些小公司中找到了一两个特别有竞争优势的企业，并获得了很好的回报。再后来又从理解小公司变成了理解大公司，能力圈也跟着一点点变大。

李录的经历说明，要建立自己的能力圈，投资者投资的东西必须是你真知道的东西。

芒格有一句话，他说："你怎么去找到好的太太呢？第一步你得让自己配得上你的太太，因为好的太太肯定不是个智力残障者。"这其实也是一个能力圈的问题。

（六）"护城河"思维

1993年，巴菲特在致股东信中首次提出了"护城河"概念："最近几年可乐和吉列剃须刀在全球的市场份额实际上还在增加。它们的品牌威力、它们的产品特性及销售实力，赋予它们一种巨大的竞争优势，在它们的经济堡垒周围形成了一条'护城河'。相比之下，一般的公司在没有这样的保护之下孤军奋战。"

1995年，在伯克希尔的年度会议上，巴菲特对"护城河"的概念作了详细的描述："那些奇妙的，由很深、很危险的护城河环绕的城堡，城堡的主人是一个诚实而高雅的人。城堡最主要的力量源泉是主人天才的大脑；护城河永久地充当着那些试图袭击城堡的敌人的障碍；城堡内的主人制造黄金，但并不都据为己有。粗略地转译一下就是，我们喜欢的是那些具有控制地位的大公司，这些公司的特许权很难被复制，具有极大或者说永久的持续运作能力。"

在2000年的股东大会上，巴菲特进一步解释说："我们根据'护城河'加宽的能力以及不可攻击性作为判断一家伟大企业的主要标准。而且我们告诉企业的管理层，我们希望企业的护城河每年都能不断加宽。这并不是非要企业的利润一年比一年多，因为有时做不到。然而，如果企业的'护城河'每年不断地加宽，这家企业会经营得很好。"

巴菲特所说的"护城河"，是由多种因素构成的：

第一是成本，如盖可保险公司的"护城河"，就是低成本；

第二是品牌，如可口可乐、美国运通；

第三是技术与专利，吉列与艾斯卡是靠技术取胜；

第四是服务，伯克希尔旗下的诸多珠宝零售商都在为其客户提供着优质服务；

第五是质量，这是喜诗糖果用以维系与客户的持久关系的基本要素；

第六是价格，"B夫人"缔造全美家具与地毯销售的传奇，主要靠的是客户情结与"低价格"。

护城河就是指，企业最重要的、稳定的、持久的竞争优势，就是行业壁垒。这些因素在公司报表上基本都无法展示，定量分析无法发现这种高质量公司的价值。

多尔西在《巴菲特的护城河》一书中，明确指出并详细论述了"护城河的四大来源"。

一是无形资产。

包括商标权、专利权和法定许可权。如果消费者仅仅因为品牌就愿意购买或是支付更高的价钱，这就是经济护城河存在的有力证明。公用事业和制药公司销售产品都需要审批，但是管制机构可以决定公用事业的收费水平，却不能对药品价格指手画脚，因此，制药公司的利润率要远高于公用事业。书中提到，"如果能找到一家企业，它可以像垄断者那样进行定价却不受任何管制，那么你很可能已经找到了一个拥有很宽护城河的城堡"。

二是转换成本。

"客户从A公司产品转向B公司产品省下的钱，低于进行转换发生的花费，它们的差额就是转换成本。"转换成本的最大受益者就是你的开户行。人们通常认为银行是同质化竞争，没有护城河可言，这其实是一种误解。较高的转换成本、优秀的企业文化（尤其是风险文化）、强大的品牌地位、卓越的服务和网络效应等都可以构成银行的护城河。其他从转换成本中受益的行业还包括：软件业中的企业数据库、财务软件，机械制造业的精细铸件公司，金融服务业中的资产管理公司等。

三是网络效应。

"如果产品或服务的价值随客户人数的增加而增加,那么,企业就可以受益于网络效应。信用卡、在线拍卖和某些金融产品交易所就是最典型的例子。"网络的天性是"以主导者为核心实现扩张",因此网络效应的绝对本质意味着,不可能同时存在众多的受益者,建立在网络基础上的企业更易于形成自然垄断和寡头垄断,这就是网络效应成为极其强大的竞争优势的根本原因。

在以信息共享或联系用户为基础的业务中,更容易找到这种"护城河",如美国运通的信用卡业务、微软的 Windows 操作系统、eBay 的在线拍卖业务等。

四是成本优势。

在价格决定客户采购决策的行业里,成本优势至关重要。它来自四个方面:低成本的流程优势、更优越的地理位置、与众不同的资源和相对较大的市场规模。如垃圾搬运、石料加工企业和水泥厂在一定半径的距离内可以形成垄断和定价权。难以复制的地理位置还可以让某些钢铁企业拥有成本优势,如韩国的浦项制铁,这是巴菲特的持股企业之一。

诺贝尔经济学奖得主尤金·法玛的博士生克里夫阿斯内斯提出了质量因子(QMJ)的构建方法如下:质量评分标准=盈利性+增长性+安全性,用盈利性、成长性和安全性构建的质量因子,以及贝塔因子(BAB),几乎能够全部解释巴菲特超额收益阿尔法,可见"护城河"的高质量选股原则在价值投资中的重要地位。

"护城河"是价值的最重要体现之一,巴菲特就是在市场中寻找"护城河"的典范。在收购喜诗糖果这家优秀的成长型企业以后,巴菲特开始聚焦于研究公司本质,追求购买市场地位中隐含成长惯性的公司,尤其喜欢购买具有垄断性质的公司，寻找公司的"护城河"，如无形资产价值等，在此基础上，关注管理层的能力以及企业文化，在自己熟悉的领域内发现优秀企业并长期持有。

最近几十年来，互联网、移动互联网的兴起造就了一批具有全球垄断性质的新兴企业。比如 GATAFA（Google、Amazon、Facebook、Apple、Tencent、Alibaba），这些都是互联网巨头公司，而它们目前提供了互联网商业所需的一切基础设施与服务，包括数据、云计算、支付等，几乎形成各自领域的"垄断性优势"。可以预见，在相当长的时间里，它们的成长空间随之也会越来越大，赚钱能力会越来越强。

段永平认为，投资确实就是买未来的现金流（折现），未来现金流最大的保障就是"商业模式"，商业模式里最强的就是垄断，或者叫"护城河"。

林园也说，他买的公司股票都是不降价的，茅台、五粮液、高速公路，不会因为经济环境不好就要参与竞争，能涨价的东西就表示他有"护城河"。

如果说优质产品、高市场份额、有效执行和卓越管理都不是值得我们信赖的护城河标志，那么，我们应该寻找的到底是什么呢？

企业拥有的无形资产，如品牌、专利或法定许可，能让该企业出售竞争对手无法效仿的产品或服务。

企业出售的产品或服务让客户难以割舍，这就形成一种让企业拥有定价权的客户转换成本。

有些幸运的公司还可以受益于网络经济，这是一种非常强大的"经济护城河"，它可以把竞争对手长期拒之门外。比如阿里巴巴、腾讯等企业，就具有这种网络效应。

有些企业通过流程、地理位置、经营规模或特有资产形成成本优势，这就让它们能以低于竞争对手的价格出售产品或服务。

以上四项，是真正的"护城河"。

第二节　价值投资的误区

一、认为长期持有就是价值投资

价值投资需要持有很久吗？

有人说，"价值投资需要长期持有""不要看一时涨跌，买了就要看10年以后"。这些话，通常是一种让套牢投资者很受用的心理按摩。

例如，有一只股票现在的价格是8元。投资者通过一些估值方法，判断它现在的价值是10元，一年后的价值会增长到12元。

投资者选择了以8元现价买入，之后股价在短期内出现了快速上涨，不到一个月就涨到了13元。

这时投资者搜集信息后发现，这段时间内并没有出现影响公司经营业绩的重大变化，13元的价格大概透支了未来一年的发展，因此投资者选择了卖出。

这次买入和卖出的操作完全基于对公司的价值判断。虽然持有时间很短，但仍然是价值投资。

一些投资者通过长期持有例如腾讯、比亚迪、苹果这类持续创造价值的公司，也获取了巨大回报。这也属于价值投资。

很多投资者将巴菲特、芒格的话奉为圭臬，将他们的传奇故事挂在嘴边，照搬照抄他们的行为法则，特别是模仿巴菲特长期持有某些股票，无论行业逻辑、企业商业模式、企业基本面是否已经发生变化，以为这样就是真正的价值投资。殊不知，巴菲特长期持有某些股票，是建立在他长期控股或者占有这些企业较大部分股权的前提下的，他对这些企业的商业模式、盈利情况了如指掌，对未来的发展前景和成长性都很确定，因此，他能坚持持有这些股票。

但是，对于普通投资者来说，并不具备巴菲特控制上市公司的能力，也没有控股投资与保险资金双轮驱动的商业模式优势，甚至对公司商业模式、竞争优势、财务状况、发展前景等知之甚少，如果盲目长期持有上市公司股票，并以为这就是价值投资，这肯定会让你误入歧途。价值投资的核心不在于长期，而在于价值。长期的意义也并不是"很长的时间"，而是价值兑现的时长。当价值不复存在的时候，就必须对持仓进行调整。贵州茅台这样的股票只有一个，类似的股票也是屈指可数。从全世界来看，皇冠上的明珠总是少数，长期只持有一只或者几只股票的风险是巨大的。

同时，长期持有一个公司的可能性在于：这个公司有着持续的超出预期的业绩表现，但是大多数公司并没有这种持续性。此外，上市公司在快速发展过程中，其估值会迅速提升，这就是对未来很多年业绩的透支，即使未来几年公司如市场预期那样正常发展，也只是消化估值的过程，反映到股价上，未必会有超额收益。

价值投资也必须考虑行业景气度和政策的影响。行业所处的发展周期，是朝阳产业，还是夕阳产业，其未来的增长逻辑，本身就是价值的一部分。如果整个行业走下坡路，即使这个投资标的暂时性地表现优秀，但也不应成为真正的价值投资。

此外，政策也是价值投资的一个变量。很多人认为中国股市属于政策市，这是有一定道理的。政策鼓励发展的行业，其上市公司的发展前景更为明朗，而政策不支持甚至明确规范、收缩、取缔的行业，则不应该成为价值投资的对象。例如中国地产股，虽然很多公司如万科、保利、招商蛇口等企业，往往只有十几倍的估值，从财务的角度看是很优秀的，但在"房住不炒"的政策导向下，整个行业的发展预期发生了变化，如果在这个行业进行价值投资，则可能大概率难以获得成功。

价值投资是，买入便宜、优秀的股票长期持有，逻辑在就持有，逻辑不在了就出局。投资者应该用大量的时间和精力去判断股票是不是便宜，持有的逻辑是不是真正的逻辑。

因此，价值投资的本质是一个价值发现和价值兑现的过程，而不等于一个长期持有的过程。在股价过分高估、未来成长性又不确定、公司基本面变坏时，卖出股票才是真正的价值投资者。

二、认为价值投资就是买入估值低的股票

价值投资是买入被低估的好公司，这和目前的市盈率高还是低并没有必然联系。

被低估和估值低完全是两码事。一家公司的估值低可能是商业模式差、产业链地位不够、没有定价权、行业天花板低、成长性不够、公司经营管理能力差等因素导致的，在这些因素没有改变之前，当前的估值低其实是合理的。这时，所谓的市盈率低等现象完全有可能是估值陷阱。

我们真正要寻找的投资机会是用合理的估值买入赚钱容易的行业中的优秀公司，而很多优秀公司估值从来都不低。

比如银行股，大多数银行股的市盈率很低，甚至股价跌破每股净值，但是这些企业的股价长期在低位徘徊，成为"仙股"，可有些银行股票却在持续震荡上行，例如招商银行，其原因就是其具有成长性。

在2008年金融危机期间，恐慌状态下腾讯的估值最低也在30倍市盈率左右，如果你的眼睛只盯着20倍市盈率以下的公司，那毫无疑问会错过很多优秀公司。市场大部分时候是正确的，在大众恐慌之时，市场依然给出高估值的公司是尤其值得重视、仔细研究一番的。

实际上，很多优秀的公司都是从高市盈率开始起步，随着公司基本面的好转，市盈率反而越来越低。另外，市盈率仅仅是一个最常规的参考，对公司的估值方法绝对不只限于市盈率，更多先进的估值手段层出不穷。有

了更丰富、更先进的估值手段才可以发现更多被低估的优秀公司，才能成为更好的价值投资者。

所谓的低市盈率代表了安全，安全不代表上涨，那些涨得好的股票，反而很少有低市盈率。这不仅仅在中国股市中如此，美股的苹果、微软、脸书等，没有几个是低市盈率的。

PE（市盈率）、PB（市净率）其实只是价值投资的皮毛，还涉及对公司产品的理解、产品市场的分析、未来前景分析、竞争对手分析等，有些是公开的，有些是需要研究甚至需要去体验的，比如公司文化、管理者的素养等，但是大多数投资者并没有这样的能力，即使有能力也懒得去做，他们选择投资标的主要靠主观臆断、靠道听途书、专家推荐。即使仅仅是看PE，每个行业都具有独特属性，而且在企业不同的发展阶段都有不同的PE特点，单纯看PE也无法做到正确估值，需要进行横向、纵向对比，深入分析。

价值投资强调以合理的价格买股票，因此PE成了非常重要的指标，但这并不代表低PE就是真正的低估值。具体来看，PE=市值/净利润，这其中，净利润最容易让人迷惑。利润表按照权责发生制编制，即使没有收到钱，利润也可以增加。许多因素都可以改变净利润，例如存货减值、商誉减值、固定资产折旧、研发资本化等。另外值得注意的是，非经常性损益、一次性卖地、政府补助等都足以让PE在短期内大幅下降。

彼得·林奇非常关注PEG指标（即PE与增长率的比值），这提醒我们，考察一个公司还需要从业务的增长情况来考虑。如果该公司处于业务的上升期，业绩增长带来的净利润增长也会在一两年内消除高估值。

同时，还要注意"低市盈率陷阱"，有时低市盈率意味着投资者对公司的期望值不高，可能是因为业绩不好，也可能是业务的天花板效应，还可能是周期性股价到达了顶点。

三、在自己并不擅长的领域谈个股的价值投资

价值投资的核心是价值，追求的是好生意、好公司。但对于大多数普通投资者来说，要深入了解、理解一个行业及一个企业并不容易。特别是一些专业性特别强的行业和企业，例如科技、医药这些行业，对于相关技术优势、技术路线、行业格局、未来前景，如果不是专业人员，很难准确了解。单纯从深度了解行业、企业的角度看，价值投资已经将大多数人挡在了门外了。

很多人了解一个上市公司，是通过看财务报表得出的结论。但是，财务报表仅仅体现的是财务数据，并不体现它的技术实力、管理水平和商业模式，而且财务数据体现的是过去的数据，并不能反映未来的盈利能力和发展前景。

很多人认为格雷厄姆、巴菲特和芒格的书很好懂，认为价值投资很容易，以为买几只股票，放在账户里，Buy and Hold（买入并持有），不管不问就可以获得丰厚收益。

事实上，巴菲特很多方面都是普通人无法学习的：巴菲特不仅做企业并购，而且还开了几家合伙人公司，赚合伙人公司的利润；不仅如此，他还利用保险浮存金做投资，即利用这类免费的资金杠杆做投资，从而放大了投资业绩；还有，巴菲特可以大笔买入某一家公司的股票从而进入该公司的董事会，决定或者改变董事会的决议，从而帮助公司创造价值而不仅仅被动地接受价值。这几方面都是个人投资者所无法想象的。

我们要学习的就是以巴菲特为代表的价值投资者的基本理念。实际上，要做到价值投资，至少应具备以下几个方面的要素：

（一）对上市公司的价值有着深入、准确、动态的了解和把握

价值是一个动态的概念，买入的时候这个公司在各方面都很优秀，但

在持有的过程中，它的基本面会发生变化，它所在的行业的竞争格局会发生变化，那么对价值应该进行重新评估，并在这种评估基础上进行适当调整。价值投资是这样的一个过程：沿着大概率正确的方向前进，并随时根据形势进行及时纠偏。优秀的价值投资者都是自下而上开始，善于发现生活中不寻常的细节，依靠自己深度的调研对某个逻辑进行反复验证，最终得出买入卖出的结论。

（二）拥有价值投资的品性，拥有足够的阅历、心性

这些包括成熟的投资体系、坚持持有的意志力和果敢的决断力，等等。芒格曾说过："40岁以前没有真正的价值投资者，价值投资是需要时间积累和沉淀的。因为真正的价值投资者，不仅要拥有优秀的业绩，更难得的是拥有成熟的投资体系和投资阅历。"

普通投资者在进行价值投资之前，应该问自己三个问题：

首先，我是否是一个能忍受孤独的人？在选择股票的时候，是否有耐心等到心仪的股票股价回落到安全边际？在持有股票过程中，是否能够忍受股价上下波动？就如同2021—2022年的贵州茅台，最高的时候上涨到2600元，最低的时候下降到1600多元，即使在这个过程中公司的业绩、逻辑和预期都没有发生变化，你是否能坚定持有？

其次，我是否是一个善于学习的人？菲特曾经说过，他的主要工作是看年报，要看伯克希尔控股公司的年报、季报，同时还要看5~8家竞争对手的财报。在学习方面，能否向巴菲特看齐？能否在了解行业、企业的过程中，能否在阅读财报、搜集资料和实地调研中做足功课？

最后，我是否是一个客观理性的人？在投资决策中，投资者是否固执己见，是否秉持了开放的心态，是否能够听取更多人的意见建议？是否能做到全面客观地看待投资标的？这一点说起来容易，做起来很难。特别是一些投资者对自己投资的股票存在执念，根本听不进其他不同意见，到最

后却发现这家公司长期财务造假被迫退市,这种情况并不少见。

四、价值投资应该止损止盈

做价值投资需要止损吗?止损的意思就是卖出的价格低于买入的价格。

由于任何人都不可能在某个特定时刻获得所有信息,所以基于这种不完整信息作出的判断是一定会出现错误的。有些时候是小错误,有些则是大错误。例如投资者昨天刚买入的股票今天就被曝出严重财务造假或核心高层集体出行不幸遇难等恶性极端事件时,那么之前对价值的判断就会随之瓦解。这时就需要及时离场,止损纠错。

所以,价值投资的关键不在于持有时间,而是以价值作为买入或卖出决策的依据。价值投资的本质就是围绕价值的投资,价值在继续持有,价值不在则离开。

从这个意义上说,真正的价值投资不会有止损的概念。对于真正的价值投资者而言,当自己认定持有的股票价格下跌时,应该感到高兴,因为这是市场先生给了你一个捡便宜货的机会。你应该做的事情是继续加仓,跌得越多加仓越大,以持有更多便宜筹码。

同样,真正的价值投资也不应该有止盈的概念。当价值存在的时候,也就是它的业绩、逻辑和预期还在的时候,一直持有就好了。卖出只有几个原则:基本面发生了重大改变,发展逻辑发生了变化,找到了更好的投资标的。如果这个股票依然是你心目中最优质的股票,即使了它的股价翻了10倍,它依然是最优质的股票,你卖出了这个股票,还能找到更好的吗?

芒格说:"我不是退出高手,我的伯克希尔股票是在1966年买的。我善于挑选,而别人比我更会退出,我追求的是永远不必退出。成功的投资风格有很多种,有的人是不断退出的,但退出不是我的强项。我不会退出,我甚至不看出口在哪里,我选择持有。比如持有Costco(美国最大的连锁会员制仓储超市）。你们不知道，看着 Costco 不断进步多么令人欣慰。Costco 凭借'能者上、庸者下'的文化勇往直前。我持有 Costco 感觉好极了，为什么要频繁交易呢？第一，频繁交易需要交税，我的钱不会多，只会少；第二，交易股票远远不如寻找自己欣赏和敬佩的人。我找到的是 Costco，不是有利的出口。"

这就是价值投资者卖出股票的逻辑。

五、价值投资已经过时

凯瑟琳·伍德被称为"木头姐"，她是世界顶级对冲基金 ARK Invest 创始人，有"女版巴菲特"之称，成名于 2020 年。这一年，她的投资公司 ARK 旗下基金平均收益超过 140%，五年收益达到 505%。其管理规模快速增长，从 2020 年年初的 34 亿美元暴涨至 2021 年 2 月的 600 亿美元。"木头姐"的投资风格一直都非常极端，只投资应用革命性技术的创新型公司，包括人工智能、DNA 测序、基因编辑、机器人、电动车、储能技术、金融科技、3D 打印、区块链等。其最知名的投资案例包括特斯拉、移动支付公司 Square、远程医疗公司 Teladoc、Zoom 视频通信等。"木头姐"以押注高度创新且对未来社会可能有极大影响的科技企业而闻名，喜欢投改变世界的公司。

作为对比，巴菲特喜欢的"合理的价格买入好公司""只投自己熟悉的领域""更爱确定性的利润而非概念"等投资理念广为人知，喜欢投资不被世界改变的公司。巴菲特旗下的伯克希尔·哈撒韦在 2020 年全年收益率仅为 2.42%。很多人发出了"巴菲特老了"的言论，质疑巴菲特的投资理念和方法已经不再适应新时代的要求。事实上，巴菲特的投资收益率确实是在下降的。

巴菲特 60 多年的投资收益率为 20%，但是，在过去 20 年里，他的收益率是在下降的。从 2001 年 1 月 1 日至 2020 年 12 月 31 日，综合计算伯克希尔·哈撒韦的年复合回报率为 8.24%，虽然超过同期标普 500 指数的复合回报率 5.33%，但收益率下降仍属于事实。

收益率下降的原因有以下几个：

（一）资产规模限制收益回报

伯克希尔·哈撒韦已经拥有八家世界 500 强公司，能够投资的标的越来越有限。巴菲特在致合伙人的信中就表示："导致投资趋向平庸的罪魁祸首是资产规模，而不是对投资业绩日益激烈的竞争。现在和过去的业绩之间差异的 75% 都是由规模导致的，我们已经知道基金管理规模的急剧增加，会导致投资选择范围的显著减少。"理论和实践都已经证明，管理资金的规模和收益率存在负相关，规模越大，收益率越低。

（二）巴菲特的投资方式受到限制

2000 年 2 月，美国证监会经过反复权衡，并没有同意伯克希尔·哈撒韦关于对投资信息进行保密的申请，伯克希尔必须遵循市场信息披露原则，将投资标的的名称、买入价格及数量进行公开。这使得巴菲特无法像过去一样在股价被低估时大量秘密买入，他的买入对象也变相地被限制于市值较大且拥有活跃日成交量的企业，因为只有这种企业的股价才能不会因为巴菲特的买入而有明显上涨，他才能在披露投资信息前完成买入目标的数量。

（三）货币持续宽松

巴菲特价值投资的特点是市场大涨时可能跟不上市场的涨幅，但是大跌时却比市场跌得少。由于近年来美国一直采取非常宽松的政策，导致巴菲特一直擅长的"利用市场周期性的下跌建仓，经济危机大众恐惧时买入"的策略无法很好地实施。

这些原因，确实降低了巴菲特的投资效率。在这种情况下，价值投资是不是就过时了呢？其实并不然。从 2015 年开始，巴菲特开始买入苹果公司股票，其持仓占到其普通股总持仓的 42%，迄今为止，苹果共为巴菲特带来了超过 1000 亿美元的投资收益。从可口可乐、喜诗糖果到苹果，巴菲特的基于未来现金流折现的 DFC 模型成为永不过时的估值利器，而以苹果为代表的消费领域投资的成功，也体现了巴菲特持续学习、与时俱进的精神理念。

巴菲尔过时了没有？可以从近两年的收益表现看出。根据 Wind 公开数据表明，ARK 期间产品 Ark Innovation ETF 2020 年全年收益率 148.73%，而 2021 年至今（截至 2022 年 2 月 22 日）回调幅度高达 49.02%，2020 年以来累计收益率为 21.64%。这是由于近两年来，在加息的阴影之下，"木头姐"持有的科技创新性企业的估值大大缩水。作为对比，巴菲特旗下的伯克希尔·哈撒韦在 2020 年全年收益率仅为 2.42%，2021 年至今收益率 35.54%，区间累计收益率 38.82%。一边是高起高落，一边是稳扎稳打，两年之后两条收益率曲线交汇到了一起，巴菲特的价值投资理念再一次绽放出了耀眼的光芒。

六、伪价值投资

依靠技术分析的投资者很显然不能被称为价值投资者。这类投资者不针对具体公司进行基础分析，不关心公司的报表、所在行业竞争格局、产品市场的特征。他们也不关注投资对象的经济价值，而是将主要精力集中于交易数据，包括证券的价格波动及交易量变化。技术投资者认为有关波动性的历史数据反映了证券在不同时间的供求关系，通过研究图形可以预测价格未来的运动趋势。

剩下的投资者在投资中都很关心投资标的的实际情况，但并不是所有人都可以被称为价值投资者。投资者大体上可以分为两类：一类主要关心宏观问题，另一类主要关心具体投资标的的微观状况。

关心宏观的投资者关心影响证券的各种宏观经济因素，例如通货膨胀率、利率、汇率、失业率，等等。他们通过宏观信息预测经济走势，并判断哪些板块及行业最有可能受到经济走势的影响。这也是我们常说的"自上而下"的研究方法。

而"微观教旨主义者"，即在分析公司的经济基础因素并对证券逐一考察的投资者中，就都是价值投资者吗？并非如此。有一类投资者，他们研究标的的历史价格情况，观察其价格如何随着一些微观经济因素变化。这些因素包括营收、行业背景、新产品引进、技术改进、厂房及设备投资等。如果发现对未来收益及其他重要变量的估计值超出市场预期，就会购入相应的股票。

尽管这样的方法和价值投资十分相似，但是仍不能被称为价值投资方法。其与价值投资的区别主要在两个方面。一方面，这种方法重视对价格的先期预测，而非着眼于基础资产的价值。这样的分析方法可以同等地应用于估值10倍、20倍或50倍的股票中。但是价值投资者不会将这些情形一概而论。另一方面，这种方法没有考虑安全边际，从而不能保护投资免受"市场先生"情绪变化的损害。

让我们将目光重新聚焦于价值投资上。价值投资的核心方法很简单，价值投资者先评估某一金融资产的内在价值，并将其与市场提供的现价相比。如果价格低于价值，并且能够提供充足的安全边际，那么就可以买入该标的并持有。具体到操作层面上，不同投资者的方法可能有所区别，例如运用不同的指标和方法判断资产的内在价值等，但其核心思想一直没有发生变化。

第三节　价值投资的方法

一、确立正确的世界观和方法论

观念是价值投资与投机的重要分割点。

作为价值投资的代表人物，芒格的很多观念，在从事投资之前就已经根深蒂固地形成了，比如他对于了解这个世界是怎么运转的问题具有特别浓厚的兴趣，他特别想弄明白这个世界是怎么运转的，而且对于通过实践去弄明白也特别有兴趣。这就是基本的世界观。

这个基本的世界观决定了投资者是围绕价值来买股票的，还是炒作热点、风口、概念的；是真正的投资者，还是真正的投机者；是愿意去探究投资的上市公司的业绩、逻辑和前景的，还是跟风炒作、追涨杀跌的。现实中几乎看不见一个天性是赌徒的投资者会突然变成真正的价值投资者。

投资的胜利永远是价值观的胜利。盈亏同源。投机会成功一次、两次、三次，甚至100次，但是一定会输掉很多次，直到大概率把赚到的钱全部亏回去。但是，只要我们坚持正确的理念，从第一性原理出发去投资，真正从"投资有价值的股票"的角度出发去投资，我们就会在获胜的概率上占有优势，也就是有大概率取得投资的成功。相反，如果是投机，则大概率会失败。

巴菲特是价值投资的坚定支持者和践行者，投资股票的内在价值而不是股票的技术阶段。芒格说："我们每天在做的事情，并不是为了努力变得聪明，而是尽量别做蠢事。"在2015年的一场股东大会上，芒格嘲讽学界广泛传播的有效市场假说："我知道这就是扯淡。"他还说："我从不相信伊甸园里有一条会说话的蛇，我对识别蠢话有天赋，我没有什么别人所不具备的洞见，我只是比别人更执着于避免愚蠢。"芒格认为其他人在试着让自己变得更聪明，而他全部的尝试就是不做蠢事。

确立价值投资的世界观和方法论，最关键的问题在于认识价值、认同价值。这就需要深入地总结和提炼，最重要的是对成功的投资者的做法和经验，以及自己在投资中的得失进行回顾总结，相信大概率能够得出对价值的认识与认同。这种认识与认同决定了投资者是否能够在投资中获得真正的、稳定的、持续的收获，并且走上一条投资的光明大道。

二、以工匠的精神进行研究

在学习方面，巴菲特、芒格这些世界级的大师为我们树立了光辉的榜样。价值投资，是一种"无知之幕"。每个人第一次面对市场，面对每一个投资目标，都是无知的。投资者应该把自己放在"无知之幕"之后，用从零开始的心态面对投资。

投资者应该用工匠精神对投资进行研究。

（一）研究宏观经济

我们经常说，真正的价值投资能够穿越周期，那么研究宏观经济是否有必要呢？实际上，宏观经济对于价值投资来说是一个基础性、前提性的概念。巴菲特能够创下投资神话，离不开宏观经济环境。他的投资周期处于美国经济长期增长的周期内，他的投资标的与宏观经济同频共振，所谓投资股票就是投资国运。因此，把握宏观经济的脉动，就是把握的投资趋势和机遇。投资者不能对宏观经济不闻不问，因为这决定了投资的环境。

（二）研究行业

价值投资首先体现在投资标的的所在行业的价值。一个没落的，或者被政策严格压制的行业，大概率不会出现伟大的上市公司。因此，行业发展现状、趋势、问题、困难、空间、前景、可持续性，都具有重要的参考意义。只有深刻洞悉行业发展规律，才可能从中找到值得买入、持有和等待的投资标的。

（三）研究公司

一个上市公司的市值、净资产收益率、市盈率、市净率、资产负债率、市占率、现金流，以及这些财务指标的变化率，是投资者必须具备的基础知识。当然对于价值投资而言,这些纯粹的数据并不是应该具备的全部知识,也不是最重要的。最重要的是,企业的"护城河"、市场统治力、发展的可持续性和未来现金流。

从研究的角度看,对于大多数普通投资者来说,都是存在一定的门槛的,但也并非没有捷径——捷径就是选择简单行业里的好公司。

为什么需要我们选择简单行业里的好公司呢?因为我们没有机构的信息优势,很多行业也没有足够多的信息。同时,我们的研究能力有限,从这个角度看,信息是不对称的。我们很难深入了解,很难做出正确决策。比如高技术行业、强周期性行业,我们要理解和研究是比较困难的。如果行业发生了一些变化,要跟踪就更是难上加难了。那么哪些行业是容易理解的简单行业呢?比如,消费品、贴近大家生活的行业,我们就容易跟踪研究。像贵州茅台,它的产品几乎每个人都熟悉,一看就懂。公司产品是不是畅销、是不是有定价权,普通投资者可以很轻松跟踪到这些信息。

学无止境。价值投资者、滚雪球者,永远不能放弃学习。

经过以上几个层次的研究,我们就可能找到心仪的、值得投资的上市公司。

三、价值观察

真正的价值不是永恒不变的,也不绝对是长期不变的,甚至有可能在很短时间内就会发生改变。价值投资者应该准确把握投资标的在投资进程中的价值变化,包括:

第一,业务方向、商业逻辑是否发生变化;

第二,经营业绩是否不及预期,财务指标是否恶化;

第三,核心竞争力、"护城河"是否还存在;

第四,是否已经找到更具有投资价值的投资标的。

如果上述情况发生变化，那就意味着其价值发生了变化，这个时候就应该进行决断，决定是否更换投资标的。如果以上情况没有发生，那我们就应该继续持有，等待着价值的持续兑现。

这种价值观察，也包括对持仓之外的投资标的进行观察，当发现更优的投资标的时，就应该把握机会及时出手。

巴菲特的投资其实一直在与时俱进，而并不是一成不变的。比如说以往他是不会投资科技股的，他认为科技股是各领风骚三五年，很难有稳定的"护城河"，因为技术进步有可能会绕过企业辛辛苦苦创造的"护城河"。但是这几年，为他带来投资收益最多的就是科技股苹果。苹果为他创造了超过1000亿美元的利润，是近年投资中创造利润最多的一个公司，因为他坚持重仓苹果，占到总仓位的40%。当然他最近投资的科技股也在扩大范围，比如说，他最近买入了少量的亚马逊，这是他之前一直遗憾没有投资的公司，这说明巴菲特的投资理念其实是与时俱进的。但是他投资苹果也与苹果后来演变成一个具备消费特征的公司有关，因为苹果生产的iPhone手机其实是一种消费品，这时候技术进步带来的风险已经减少了。

价值观察可以为我们找到合适的买入时机。最好的买入时机是，在市场低迷甚至恐慌的时候、某个行业内出现"黑天鹅"的时候买入，这样大概率就能买到价格比较低、估值比较合理的股票。比如2008年三聚氰胺事件、2012年白酒塑化剂事件、2020年年初受疫情冲击股市暴跌的时候，这都是股市出现底部的时候，大部分人都谈股色变。这时候买入股票，基本上能买在底部，能获得很好的回报。

四、应用凯利公式

在巴菲特的投资生涯中，价值投资分析与凯利公式缺一不可。凯利公式最初为 AT&T 贝尔实验室物理学家约翰·拉里·凯利（John Larry Kelly）根据同事克劳德·艾尔伍德·香农的研究而建立。凯利说明了香农的信息论要如何应用于一名拥有内线消息的赌徒的赌马问题。凯利公式随后被香农的另一名同事爱德华·索普应用于 21 点和股票市场中。

凯利公式的具体表达，是在一个期望净收益为正的独立重复的赌局（即赢面大于零的博弈）中，计算出获得长期总本金增长率最大化的投注比例，算法如下：

最佳仓位（f）=[（胜率 × 净赔率）– 败率]/净赔率

即 f=（pb-q）/b

胜率 p 指获胜的概率；败率 q 指失败的概率；净赔率 b 指减去押注本金之后的净收益是本金的多少倍。

凯利优化模式可表达为：

2p-1=x

即投资者的持仓（x）等于 2 倍的胜率减去 1。这个凯利优化模式告诉我们，投资者应该在胜率高于 50% 时才能下注。同样，当胜率达到 100% 时，理论上是可以 100% 持仓的。

在成功率高时下大赌注，这就是凯利优化模式的简易表达，这也是价值投资资金分配的根本原则。

2009 年，巴菲特大举加仓富国银行，这源于他对于富国银行巨大的信息优势。巴菲特比别的投资者更清楚富国银行是 2008 年的金融危机中相对来说遭受损失最小的银行，同时，他对富国银行的企业文化、风控能力以及风险敞口等方面也相当了解。基于此，巴菲特得出了富国银行股价非常低的结论，也就是说，即使整个美国的银行股全部崩盘，富国银行也会是最后那个。利用这个信息优势，巴菲特在富国银行上下了重注，实现了完美的抄底。这就是一个典型的利用凯利公式优化模式进行投资决策的案例。

在利用凯利公式的时候，应该注意以下几个约束条件。

第一，要着眼于投资长期的成功概率。短期来看，投资者即使选对了投资标的，但市场对其业绩成长却没有及时回应，市场价格随机波动，很难预测，这就需要"风物长宜放眼量"，向"长期"寻找收益。

第二，要谨慎使用杠杆。如果投资者将凯利优化模式运用到借贷投资的操作中，那么短期股市下跌可能会迫使投资中断。

第三，对于胜率的判断要相对保守。如果投资者对于某项投资成功概率的判断高于其实际的成功概率，那么，过多地持仓将会使风险变得不能承担。

五、价值投资模型

投资艺术的精髓，在于寻找大概率正确、可复制的决策方式。投资是一个概率游戏，大数定律会帮助其获得很好的投资回报。

例如，投资者拥有一套大概率正确，并且可复制的投资策略，这套策略每次正确的概率能达到70%。如果只投资一次，你赔钱的概率还有30%；如果投资五次，赔钱的概率只有16%了；如果投资10次，赔钱的概率只有5%了；如果投资20次，赔钱的概率只有2%了（见下表）。如果投资100次，那你几乎是百分之百能挣钱了。

表 4-1 单次博弈和重复博弈

概率	单次博弈	5次博弈	10次博弈	20次博弈
挣钱的概率	70%	84%	85%	95%
持平的概率	—	—	10%	3%
赔钱的概率	30%	16%	5%	2%

反过来，如果某一策略每次决策正确的概率只有30%～40%，那么决

策10次、20次，甚至100次之后，你大概率会赔钱。

有效策略的标准是：逻辑自洽、大样本回测合格、符合未来趋势。

（一）逻辑自洽

价值投资的决策逻辑就是股价低于内在价值时买入，股价高于内在价值时卖出。有些投资者用价值投资的理念选择股票，却利用技术面分析的结论买卖股票。很多投资者在股价依然低于内在价值时，遇到股价下跌10%，就出于恐惧卖出股票。实际上，当价格下跌的时候，股票的安全边际应该更大，是可以继续投入而不是选择卖出，在股价下跌时是恐慌性卖出还是捡漏式买入，是检验投资者是否属于真正的价值投资者的一个标准。

当公司基本面发生恶化的时候，公司未来的利润或现金流不具有可持续性，内在价值出现下滑，价值投资者会选择卖出股票；当定价错误被修复，价格高于内在价值，估值不再合理的时候，价值投资者也会选择卖出股票；还有一种情况是，如果价值投资者发现其他更具有性价比的股票，安全边际的空间比较大的时候，其也会选择卖出原来持有的股票而买入其他股票。价值投资者是根据公司的基本面变化及股票价格和内在价值关系的变化，而做出买卖股票的决策，形成严格的逻辑自洽的闭环。

逻辑自洽对于价值投资来说是一个关键性的前提。坚持价值投资，就是要从价值的视角出发，从研究、买入股票开始，一直到卖出股票，都应该遵循买卖原则，都要形成严格的逻辑自洽，这个逻辑自洽是保证投资者在价值投资理念下最安全稳妥的保障。遵循逻辑自洽，才能应对各种突如其来的"黑天鹅"，有效应对各种市场价格波动。如果没有这个逻辑自洽，就会出现自相矛盾的操作，最终与价值投资背道而驰。

真正的长期主义者，必然是知行合一的。

巴菲特说："如果你是池塘里的一只鸭子，由于暴雨的缘故水面上升，你开始在水的世界之中上浮。但此时你却以为上浮的是你自己，而不是池塘。"当一个投资者把股票的涨跌错误地归因时，当投资者买入一只股票和卖出一只股票的理由不一致时，就会犯下逻辑不自洽的错误，其中的本质就是盲目交易。

（二）大样本回测合格

很多投资者说自己发现了赚钱的秘诀，找到了赚钱的有效策略，但实际上很可能没有经过严格的检验，如果从长期而言则很可能会失败。因此，这些策略应该运用到大样本中进行回测检验。因为在短期内导致盈利的因素可能是很多的，包括推动经济增长的宏观政策的密集出台，包括行业景气度的短期回升，包括纯粹的运气，或者有些投资者只记住了这个策略的成功故事，对于失败的案例则选择性地忽略。

虽然并没有专门针对价值投资进行量化方面的回测检验，但是我们知道历史上有很多投资大师运用价值投资方法论获得了非常不错的投资回报。格雷厄姆作为价值投资的鼻祖，通过"市场先生""内在价值"和"安全边际"三个法宝，取得了巨大成功。艾丽斯·施罗德在他的《滚雪球》一书中写道："在格雷厄姆·纽曼公司20年的经营期里，它的年收益率比股市的业绩表现高出2.5%——在华尔街的历史上，只有少数人能打破这个纪录。"也就是说，格雷厄姆的投资公司每年的超额收益率为2.5%，这是一个非常了不起的成就。巴菲特自1957年以来，除了受2001年网络泡沫破灭和2008年美国金融危机的影响，他在这两年的投资收益率为负数，其余年份的收益率均为正。60多年来，巴菲特投资的年化收益率基本维持在20%以上。在中国，有很多实践价值投资的机构和个人投资者，他们都取得了非常丰厚的回报。因此，他们成功投资的案例，让我们认为价值投资是符合回测合格这个标准的。

（三）符合未来趋势

在中国A股，一度出现过一些市场风格，如小盘股溢价、垃圾股（包括 ST 股）溢价，很多投资者通过炒小盘股、垃圾股等获取了投资收益。但随着中国资本市场的发展，一些在过去看似有效的投资策略，在未来可能会被验证是无效的。其根本原因在于资本市场的完善，注册制的全面推行让壳资源越来越不值钱，而股票投资也越来越重视资本面，在资本市场深化制度改革和扩大对外开放的过程中，资本市场会越来越理性，向成熟市场靠拢。总体而言，资本市场越来越规范化、法治化，越来越向国际接轨，而与这个趋势相匹配的，就是价值投资。

总而言之，价值投资符合"逻辑自洽、大样本回测合格、符合未来趋势"这三大标准，也经得起时间的检验和市场的洗礼，是有效的投资策略。

实际上，价值投资的理念是不断变迁的，从早期关注市净率发展到关注企业真正的"内在价值"阶段，从"寻找市场低估"发展到"合理估值、稳定成长"，可以说是价值投资理念的完善和丰富。这种投资理念的进化也是与美国 20 世纪 80 年代的发展相匹配的。那个年代，美国的人口和经济总量持续稳定增长，许多公司在国内市场自然扩大和全球化的过程中不断发展壮大，获得了快速成长。从更宽泛的意义来说，价值投资对于美国工业社会、商业社会的形成，一定程度上起着动力源和稳定器的作用。

时间指针拨到现代，价值投资的内涵和外延继续迭代和变化。如果说价值投资的出发点是发现价值的话，那么今天它的落脚点应该是创造价值。

内涵和外延的变化，具体体现在以下方面：

凭借金融基础设施的逐渐完善和市场规则的有序发展，金融市场效率得到根本性提升，价值发现和市场估值的落差在逐步消弭，传统价值投资的回报预期显著缩小。价值投资者显然很难找到被极度低估的投资标的，更不可能仅仅通过翻阅公司财务报表或者预测价值曲线就发现投资机会。同时，技术进步使得企业及其所处环境发生了巨大演变，新经济企业的估值方法也与传统企业完全不同，寻找可靠的、前瞻性的新变量成为价值投资演化的核心所在。一旦发现并理解了这些关键驱动因素和关键拐点，就能发现新的投资机会。

为什么说价值投资的落脚点在于创造价值呢？

一方面，在全球经济持续增长和资本快速流动的前提下，创新已经产生溢价。由于创新溢价，发现价值的洞察力更显难得，研究驱动成为从事价值投资的基本素养。另一方面，我们仍处于快速变化和技术创新的成长周期中，创新的产生需要跨维度、跨地域、跨思维模式的整合交融，把许多看似不相关实则能够产生爆发性合力的创新要素结合在一起，可能会实现更高维度的能量跃迁。

创造价值的核心是提供全面系统的解决方案，包括企业战略分析、嫁接优质资源、复制管理经验、提升运营效率、拓展国际业务、在海外复制中国模式，甚至通过提供争论性的话题来打开思维等。同时，创造价值的方式要与企业所处的阶段、特有的基因、未来的愿景紧密结合，在更高的维度和更远的视野中，提供相适应的解决方案。

对于中国的投资者来说，价值投资具有巨大的空间，是具有广阔前景的投资方案，拥有着旺盛的生命力。

第一，价值投资本质是赌国运。可以预见中国经济未来会问鼎世界，整个中国的国运处于上升阶段，所以这个时代非常适合做价值投资。

第二，中国资本市场制度安排有利于开展价值投资。中国人口比较多，散户目前在股市里占比也较多，跟美国相比，我们的股市流动性更好；另外，目前中国二级市场没有资本利得税——资本利得税会减少投资收益，价值投资主要靠复利增长，从长期来看，短期内的收益减少在未来会是一笔巨额财富——这也是税收层面对价值投资的一个利好政策。

价值思维很重要，因为对于普通投资者来说，我们个人能力有限，我不能成为企业的老板，无法拥有一家上市公司，但是我可以把自己的资产投资到优秀的企业上，实现与成功企业的共同成长。这就是借力，把资本寄生在这些一流的企业家身上，实现财富的滚雪球。

在价值投资者看来，这种投资的风险并没有想象中那么大，只要我们瞄准少数代表未来的行业，投向少数真正优秀的企业，坚持长期持有，我们就已经拥有较大的胜率。当然，优秀的企业也可能会因为多种原因，例如市场竞争格局突然发生变化或者其他"黑天鹅"事件而面临失败，以至于我们的投资遭受了损失，但我们可以通过分散投资的方法把这种损失降到最低。

所以，价值投资就是投资最优秀的企业、最优秀的人，就是投资人类的未来，和志同道合的人一起共享发展成果。

第五章
雪球方法

投资的好处在于你不需要对每个扔过来的球挥棒。投资诀窍就是坐在那里看着一个个扔来的球,并等待能打到你的最佳位置的那个。

——沃伦·巴菲特

第一节　找到山峰：雪球的势能

一、坚定信心，做多中国

巴菲特说过，没有人靠做空自己的祖国而发财。

我们投资的势能是什么？一定是社会的稳定、经济的发展、行业和企业的进步。

我国经济学家林毅夫曾指出，中国经济在过去40多年保持每年9.2%的增长水平。

2018年，国家统计局对外发布改革开放40年经济社会发展成就报告。报告指出："改革开放以来，我国经济社会发展走过了40年不平凡的光辉历程，取得了举世瞩目的历史性成就，实现了前所未有的历史性变革。"

1978年，中国国内生产总值只有3679亿元，2017年站上80万亿元的历史新台阶，达到827122亿元。

1978年，中国经济总量居世界第11位，2010年超过日本，成为世界第二大经济体。2017年，中国国内生产总值折合12.3万亿美元，占世界经济总量的15%左右。近年来中国对世界经济增长的贡献率超过30%，日益成为世界经济增长的动力之源、稳定之锚。

2017年年末，中国常住人口城镇化率为58.52%，比1978年年末上升40.6个百分点，年均上升1个百分点。

1978年货物进出口总额仅为206亿美元，位居世界第29位。2017年，货物进出口总额达到4.1万亿美元，比1978年增长197.9倍，年均增长14.5%，居世界第一位。

2017年，我国粮食总产量稳定在1.2万亿斤以上，比1978年翻一番。近年来，我国谷物、肉类、花生、茶叶产量稳居世界第一位，油菜籽产量稳居世界第二位，甘蔗产量稳居世界第三位。

2017年，钢材产量10.5亿吨，比1978年增长46.5倍；水泥产量23.4亿吨，增长34.8倍；汽车产量2902万辆，增长193.8倍。

2017年，铁路营业里程达到12.7万公里，比1978年末增长1.5倍，其中高速铁路达到2.5万公里，占世界高铁总量60%以上。2017年末，公路里程477万公里，比1978年末增长4.4倍。

2017年，中国研究与试验发展（R&D）经费支出17606亿元，比1991年增长122倍，年均增长20.3%。中国研发经费总量在2013年超过日本，成为仅次于美国的世界第二大研发经费投入国家。

2017年，15岁及以上人口平均受教育年限由1982年的5.3年提高到9.6年，劳动年龄人口平均受教育年限达到10.5年。高等教育向普及化阶段快速迈进。2017年，高等教育毛入学率达到45.7%，高于中高收入国家平均水平。

2017年，我国居民预期寿命由1981年的67.8岁提高到76.7岁，孕产妇死亡率由1990年的88.8/10万下降到19.6/10万。

我国经济具有自身的发展韧劲和持续的经济增长潜力。2020年新冠肺炎疫情全球蔓延之际，我国成为唯一实现经济正增长的主要大型经济体，当年经济增长率达2.3%，同期美国、欧元区以及日本等发达经济体均出现严重衰退。2021年，我国经济增速更是达到了8.1%，成为引领全球经济复苏增长的重要贡献者。目前来看，我国经济不仅能够抵御各类外部冲击，而且已经形成了自身独特的内生性增长模式。

这些数据表明，中国经济在过去40多年里取得了很大的成就。直至2022年，这个成就依然让全世界瞩目。这个巨大的变化不是表象，不是偶然，而是中国经济潜能的释放。以上数据，说明一个国家的势能是巨大的。这个国家的势能包括生产力的解放、劳动力的全面解放、资源要素的全面流通、市场经济的发展、科学技术水平的提高、全国大市场的建立，这些都成为国家发展的重大势能。

改革开放以来的 40 多年的中国实践，成为我们投资中国、做多中国的充分理由，也成为我们财富滚雪球的重要基础和保障。

（一）改革开放是做多中国的根本理由

1978 年 12 月，安徽凤阳小岗村 18 户农民签订生死状，搞起了"大包干"，到秋收时节，他们产的粮食比别人多。下一年春季把邻村的农民也吸引了进来。小岗村开创了家庭联产承包责任制的先河，把公有制的所有权与产权分离开来，打破了旧的生产体制对生产力的束缚，由此揭开了农村改革的序幕，大大加速了农民致富奔小康的进程。

小岗村的实践是改革开放的代表性镜头，也是改革开放的一个缩写。1992 年邓小平在南方谈话中明确提出，判断改革开放中一切工作得失、是非、成败的标准是：是否有利于发展社会主义的生产力，是否有利于增强社会主义国家的综合国力，是否有利于提高人民的生活水平。这"三个有利于"的判断标准不仅包括了生产力标准，而且把发展生产力、增强综合国力和提高人民生活水平三者有机结合起来，是对生产力标准的深化和发展。

在这样的政策环境下，人民群众的创造力被激发出来了。改革开放前后经济发展的最大区别是，40 多年来，每个人拥有从事经济活动的自主权，这个自主权一方面是从事某种经济项目的自主选择权，另外一方面是对收益的自主支配权，从而产生出相应的积极性，最终能够充分利用好现有物质基础并且不断创造新的继续发展的物质条件。

这就是改革开放的意义，这造就了中国最大的势能，也为每一个中国人的财富滚雪球创造了根本的条件，那就是百舸争流，千帆竞发，一切创造财富的源泉都被充分激发和涌流。这种改革开放是持续的，其最终目的是打破一切阻碍生产力发展的障碍，由此可以说在可见的未来，这种生产力的解放将是一个常态，也是一个持续的过程，这也意味着改革开放的边际成果将维持在较高的水平上，这个成果将赋予中国人丰沛的财富增长的势能。

（二）基础设施建设为中国经济增长提供强大支撑

1988年，中国建设了自己的第一条高速公路。截至2018年，在短短30年的时间里，中国的高速公路里程爆发式增长到了14万公里，超过美国和加拿大，一跃成为世界第一。中国不仅让自己的公路里程翻了五倍，并且修建了两万条隧道和超过100万座桥梁。

2022年6月10日，中共中央宣传部举行"中国这十年"系列主题新闻发布会第七场，发布数据显示：10年来，我国铁路、公路增加里程约110万公里；全国内河航道通航里程12.8万公里，拥有生产用码头泊位20867个；新建、迁建运输机场82个，机场总数达到250个。至2021年年底，高铁旅客发送量达25.3亿人次，是2012年的五倍，通达93%的50万人口以上城市；公路网密度达到每百平方公里55公里，比2012年增长24.6%；全国机场总设计容量超过14亿人次，设施容量紧缺问题得到有效缓解。

交通基础设施的建设成了我国基础设施建设的缩影。除了交通基础设施，还包括网络、邮电、供水供电、商业服务、科研与技术服务、园林绿化、环境保护、文化教育、卫生事业等市政公用工程设施和公共生活服务设施等，以及新型基础设施建设，例如5G基站建设、特高压、城际高速铁路和城市轨道交通、新能源汽车充电桩、大数据中心、人工智能、工业互联网七大领域，涉及诸多产业链。这些基础设施成了国民经济各项事业发展的基础。近40多年来，中国经济发展的一个重要支撑就是这些基础设施的广泛建设，为经济发展提供了强有力的保障，这也为国家财富积累和居民财富创造提供了强大的势能，为各种财富源泉的流动提供了"核动力"，也为居民财富滚雪球创造了大量机会。

（三）完善强大的产业链是经济增长的重要保障

产业链的完整性是衡量一个国家经济安全性和增长潜力的重要因素。我国拥有世界上最完整的产业链，优势体现为如下五个方面：一是我国是唯一拥有联合国产业分类当中全部工业行业的国家，拥有全球规模最大、行业最全、配套最完备的制造业体系；二是我国具有强大的工业产能优势和规模经济优势，在世界500多种主要工业产品当中，我国有220多种工业产品产量位居世界第一，而且各个主要产业均具有产量规模居世界前列的大型企业集团；三是产业链的高效运行需要仓储、运输、信息等多要素支撑，我国在物流体系、信息技术、大数据技术等方面具有综合优势，保障了产业链的畅通运转；四是我国产业的区域布局合理，许多省市都已形成了面向世界市场的各类产业集群；五是国内拥有世界最大规模的消费市场，对国内各产业链形成强大的需求拉动，而且需求端与供应端初步形成良好的内循环格局。完整的产业链，使得我国在外贸中留有足够的余地，对于我国保持发展韧性、抵抗全球经济风险具有巨大的保障作用，对于我国经济持续增长、财富持续积累具有重要意义。

（四）人口众多和大市场的网络效应成为经济增长的强大动力

中国作为人口大国，其经济增长有着显著的网络效应。网络效应来源于信息产品。信息产品存在着互联的内在需要，因为人们生产和使用它们的目的就是更好地收集和交流信息。这种需求的满足程度与网络的规模密切相关。如果网络中只有少数用户，他们不仅要承担高昂的运营成本，而且只能与数量有限的人交流信息和使用经验。随着用户数量的增加，这种不利于规模经济发展的情况将不断得到改善，所有用户都可以从网络规模的扩大中获得更大的价值。此时，网络的价值呈几何级数增长。这种情况，即某种产品对一名用户的价值取决于使用该产品的其他用户的数量，在经济学中称为网络外部性（Network Externality），或称网络效应。不仅仅是信息产品，因为有着足够大的用户数量而促进了商业和产品的创新、生产和销售，而足够的产品创新、持续优化完善又能导致用户数量的增长，形成良性循环。这种效果正是中国作为一个大国独有的创新优势，给予了企业在创新过程中的市场化的实验样本、应用场景，有了足够的用户之后，才能迅速明确产品是否能用，才能让产品越用越好用，这样就有助于企业不断迭代升级，为经济发展注入源源不断的动力。

（五）人力资本积累是经济持续增长的源动力

虽然我国人口总量增速有所放缓，总和生育率下降，老龄化程度加深，但从总体上看，人口红利依然存在，人才红利优势持续彰显。随着人口政策的逐步完善，我国经济发展长期向好，仍然具备较好的人力资源保障。一是劳动力资源依然丰富，人口红利继续存在。我国仍然是世界人口第一大国，人口总量仍然保持增长，劳动年龄人口总量仍然庞大，我国 16～59 岁劳动年龄人口达到 8.8 亿人，还有 3 亿多育龄妇女，每年能保持 1000 多万的出生人口规模。2020 年，我国农民工总量仍达 2.86 亿。人口数量增长产生的红利仍然存在，劳动力资源仍然较为充沛，为经济持续发展提供了人口红利支撑。二是人口素质明显提高，人才红利新的优势逐步显现。过去 10 年，我国人口受教育程度明显提升，2020 年，我国 16～59 岁劳动年龄人口平均受教育年限达到 10.75 年，比 2010 年的 9.67 年提高了 1.08 年。教育事业过去 10 年取得重大发展，其中，大专及以上受教育程度人口为 2.08 亿人，占劳动年龄人口的比重达到 23.61%，比 2010 年大幅提高了 11.27 个百分点。人才规模比重上升了超过 10 个百分点，翻了近一倍。这有利于促进我国经济发展方式加快转变、产业结构优化升级、全要素生产率不断提高，为经济高质量发展提供新的人才红利支撑。三是少儿人口数量和比重上升，新一代劳动力资源正在成长。"单独二孩""全面二孩"政策实施以来，我国出生人口数量明显回升。第七次全国人口普查数据显示，0～14 岁少儿人口数量比 2010 年增加了3092万人，比重上升1.35个百分点。"二孩"生育率明显提升，出生人口中"二孩"占比由2013年的30%左右上升到2017年的50%左右。近年国家实施"三孩"生育政策及配套支持措施，有助于促进出生人口增加，改善人口年龄结构，实现人口长期均衡发展，为经济可持续增长提供了不竭动力。

以上，中国经济五大优势，凸显了稳定持续健康增长的内涵，成为经济和财富增长的巨大势能。特别是中国数量巨大的人口、统一的大市场、完备先进的基础设施、鼓励创新的经济环境，以及在技术创新方面的后发优势，都成为中国经济长期增长的保障和动力，也为财富的增长奠定了坚实的基础，成为投资者投资中国、做多中国的根本底气所在。

二、产业发展优势

（一）中国具有新型产业发展的比较优势

中国在旧有产业发展上不具有技术优势，每年需要向西方国家缴纳巨额的专利授权费用，比如像工业软件，特别是设计软件领域，由于专利垄断，导致上升路径被锁死，很难实现对西方国家的反超。

但是，当新型产业出现的时候，由于中西技术差距不大，基本上处于同一发展起点，这时，中国产业资本自然而然倾向于投向这些领域，使得这些领域的技术发展速度可能远远超过西方国家。因为西方国家在原有的产业上有巨额的投资和巨大的技术优势，他们往往没有动力在新的赛道上倾注资源，一个代表性的案例就是柯达错失了数码时代。新的产业路径充满不确定性，在现有产业路径还具有先发优势的情况下，他们往往不敢放弃现有技术优势，而对新产业孤注一掷。因此，这些国家，特别是一些老牌发达国家，往往在新产业方面表现保守。

这就给了我国发展新型产业以巨大的竞争优势。这也为中国投资者提供了丰富的行业领域和投资标的，让投资者能够与代表未来的新兴产业共同成长，分享经济转型发展的丰硕成果。

（二）中国产业链在全球大量新产品、新产业发展中的地位越来越重要

中国基础设施完备，产品生产成本低，在全球产业链中具有不可替代的作用。比如，中国拥有世界上最大最完备的手机产业链，苹果手机风靡全球，离不开中国产业链。电动汽车产业链的优势已经凸显出来。我国新能源汽车累计销量已从2012年年底的两万辆攀升至2022年5月底的1108万辆，成功突破千万辆大关，自2015年起，产销量连续七年位居世界第一。特斯拉在上海设厂，帮助马斯克成为全球首富，也反过来让我国建立起更强大的电动汽车产业链。

（三）中国庞大的市场规模和经济体量为新行业发展提供了广阔的市场空间

过去几十年中国经济的发展，培育出了规模庞大的消费市场，14亿人口的大市场，为我国新产业发展提供了足够大的发展机会。我国光伏产业的发展就非常具有代表性。之前，中国光伏企业的发展依赖于国外市场的需求，但当国外市场需求萎缩之后，我国可以利用自身庞大的经济体量，建立起庞大的光伏电站，让我国光伏企业可以存活下去，并继续发展壮大，成为全世界最先进的光伏大国，占据了全球90%的市场规模，一举超越西方国家对光伏产业的垄断。

此外，像移动支付、高铁、共享单车、二维码支付等产品或服务领域的发展，也和我国经济规模紧密相关，正是因为我国经济规模足够大，市场的机会足够多，才会为各种创新提供足够的空间并形成全国风尚。

总体而言，我们的新兴产业具有从零开始的先发优势，完备的产业链

为产业发展创造了良好的条件，规模巨大的市场环境为新产品、新技术的诞生搭建了温床，为新产业成长提供了足够的发展机会和空间。因此，我们有理由对未来的发展充满乐观。

这种宏观经济发展的乐观前景，以及产业发展的优势，为我们财富的创造和财富的积累建立了良好的条件，也就成了滚雪球中的山峰——这个山峰提供了滚雪球需要的足够大的势能。我们任何一个投资者不应该错过这座"滚雪球的阿尔卑斯山"。

三、抓住国运

巴菲特发布2019年伯克希尔·哈撒韦年报时，里面提到了国运对于投资的重要意义。

"到今年3月11日，是我首次投资一家美国公司77周年的日子。那一年是1942年，我11岁，花了114.75美元购买了城市服务公司三股优先股，同时动员姐姐也买了三股，后来我们也赚到了钱。在1942年的春天，美国及其盟友在三个月前才卷入的一场战争中遭受到了巨大的损失，坏消息天天传来。尽管有令人震惊的头条新闻，但几乎所有的美国人在那年的3月11日都相信我们会赢得战争的胜利。他们的乐观也不局限于这一胜利，撇开先天的悲观主义者不谈，美国人相信他们的孩子和后代，生活会比他们自己的要好得多。我们国家几乎难以置信的繁荣是以两党合作的方式实现的，自1942年以来，我们有七位共和党总统和七位民主党总统。在他们任期内，这个国家在不同时期经历了病毒式的通货膨胀、高达21%的最优惠利率、代价高昂的战争、总统辞职、房屋价值全面崩溃、导致社会瘫痪的金融恐慌以及一系列其他问题，所有这些都产生了可怕的头条新闻，而现在一切都已成为历史。查理和我高兴地承认，伯克希尔过去77年的成功在很大程度上只是应该被称为'美国顺风'的产物，在未来77年，我们的主要收益几乎肯定将来自'美国顺风'。"

"美国顺风",实际上就是美国的国运。"国运"是投资者投资行为的最宏大的背景,也是投资者的精神底色,是投资者最直接和最根本的依靠力量。巴菲特曾经说过一句话:"我很庆幸生在现代的美国,而非古代或现代的非洲,我称之为'卵巢彩票'。"他所谓"卵巢彩票"的本质也是国运。

投资者必须抓住国运。国运就是一个国家在全球各国家、地区的竞争中的独特优势以及不可逆转的领先趋势。中国的国运在于,改革开放在唤醒市场和民众创造力中的独特作用;对外开放和全球化过程中巨大的后发优势;中国最近几十年来建设的大量的基础设施为经济可持续发展奠定了坚实的基础;中国人口红利、工程师红利和创新红利为中国实现高质量发展注入了不竭的动力;中国特色的社会主义制度拥有集中力量办大事的巨大的优势,新型体制正在并将创造更大的经济发展、技术进步的奇迹;稳定的经济社会环境为各类社会主体带来了创造财富的坚定信心。

中国改革开放40多年来所创造的经济奇迹向人们证明,中国经济拥有着巨大的潜能,而且这些潜能还将持续创造超出世人预期的更大的成就。

中国的国运就是投资者的信心所在。这也是投资者滚雪球所依赖的山峰所在。这座山峰就是中国经济持续向好、中国优秀企业持续发展的巨大势能。这个势能是真实存在的。只有站在这个山峰之上,我们才可能拥有长长的坡、又湿又厚的雪,才能实现财富滚雪球。

从另外一个意义上看,投资首先看国运。投资者只有相信国家是有希望的而不是没落的,社会是稳定的而不是动乱的,经济是持续发展的而不是停滞或倒退的,才会对投资充满信心。而这个国家只有提供了足够的国运,投资者才能在较大概率上实现滚雪球。这就是以前世界上大部分实现财富滚雪球的投资家出现在美国的主要原因。而对于投资者来说,则必须把握住国运,把握住经济持续快速发展的历史性机遇,这些机遇是看得见或者是可以预见的。投资者必须看到这一伟大的趋势,在国运昌隆的大背景之下，遴选优秀的企业进行投资，这将大大地提升投资的胜率，实现财富的滚雪球。

中国经济总量是美国的 80%，但是中国 A 股市值只有美股市值的 1/5，这就是中国未来经济的成长空间，国人未来财富的主要来源。中国 A 股何时市值能够大幅跃升，有赖于更多的好公司涌现出来。在中国经济发展的过程中，在市场从快速变革到成熟期的演进中，必然会有大量类似符合巴菲特投资逻辑的上市公司出现。

第二节　找到湿雪：雪球的标的

湿雪，就是可以把雪球滚起来的投资标的。这个投资标的应该具有三好特征：一是好行业，二是好企业，三是好价格。

一、什么行业的投资标的具有雪球特征？

虽然很多东西都可以作为投资标的，但是从投资滚雪球的角度来说，对所有的投资标的都可以通过是否容易自行增值这一角度来进行划分，分为有自行增值潜力和无自行增值潜力的标的。

所谓有自行增值潜力，就是这个投资标的在投资人完全不管的情况下，会自己越长越大。很多人会想，这个世界上哪里会有这么好的东西，就是养猪，还得喂呢，哪有投资标的自己会长的？事实上，股票，或者更宽泛地说，股权，就是这样一种神奇的投资标的。也就是说，正常保持稳定经营的股票或股权，都是天生带有复利潜力的投资标的。股权对应的是上市公司的部分所有权，上市公司在优秀管理层的管理之下，综合运用公司的所有资源，正常的话，都是年复一年成长的。以五年以上的角度来看，其盈利能力及公司的净资产，都是稳定增长的，这就是股票的独有之处。

而大部分的投资标的，只是纯粹的价格波动叠加少量的通货膨胀，其自身并不会自行增长，如黄金、期货及大部分的实物资产等，这些标的在理想的情况下，或许能够较好地抵御通货膨胀，但自身无法进行增长，甚至自身存在损耗和折旧，因此，能够保值已经是很不简单了。当然，至于部分投资人通过这些物品的低买高卖挣的资本利得，那是另一回事。

也正是这个原因，职业投资人尤其是投资领域的传奇人物，如巴菲特等人，绝大部分都是主要投资股票市场，鲜有投资其他标的的。

美国著名教授杰里米·西格尔写了本非常著名的书——《股市长线法宝》。在修订的第5版里，他研究整理了美国1802—2012年各项金融资产的真实收益率（年复合收益率，扣除通胀情况）：股票，6.6%；长期国债，3.6%；短期国债，2.7%；黄金，0.7%；美元，-1.4%。在各项金融资产中，股票完胜其他金融资产，且收益率长期稳定。

深入研究发现，股票之所以在各类金融资产中拥有出色的收益水平，其根源在于企业可以创造利润和盈余，这些利润和盈余持续投入企业进一步的发展中去，不断提升企业的内在价值。企业发展是一个不断创造价值、持续扩大再生产的过程。在这个过程中，其价值在不断提升，反映到资本市场上，股票的收益率总体上而言是不断提升的。

在2021年度致股东的信中，巴菲特指出，生产性资产，如农场、房地产，当然还有企业所有权，都能产生财富，并且是大量的财富。大多数拥有这些资产的人都会得到回报。所需要的只是时间的流逝、内心的平静、充足的多元化以及交易和费用的最小化。不过，投资者决不能忘记，他们的支出就是华尔街的收入。

并不是所有的雪球都能越滚越大，只有具有一定特征的雪球才能越滚越大。这个特征应该是，它应该具备坚硬的内核，应该能够与周边的雪地发生积极的正面的联系，能够在周边环境条件下实现自生长，当然也能与周边环境和谐共生。

内在价值等于未来净现金流的折现。好的股票背后必须对应一个好的企业，好的企业背后往往就是一个好行业。要实现财富滚雪球，一个好行业非常重要。好的行业特征是什么？

（一）周期性

具有需求特征的行业，应该是具备发展势能的行业。例如，在汽车市场中，未来的大趋势就是新能源智能汽车，相对而言，传统燃油车企业就不是更好的选择。任何一个产业都有其发展周期，钢铁、机械钟表、传统相机、机械式英文打字机、自行车、家用缝纫机等，这些都是属于走下坡路的产业。当然还有一些传统产业、传统行业主要指劳动力密集型的、以制造加工为主的行业，如制鞋、制衣、光学、机械、制造业、农业、林业、畜牧业、矿业、机械制造、纺织、冶炼、化工、食品、零售等，从产业发展的角度来看，这些产业都是现代生活所必需的，但传统的发展模式已经不足以支撑其快速发展，其技术水平和生产效率已经不可能实现跃升，在这些行业中，一个优秀的传统企业能做到的往往只是平稳的增长。

（二）需求特征

具有雪球特征的行业是"有价值"的行业。这些行业往往有两种，一种是代表现在的产业，是与人类生存、生活息息相关的产业，比如与衣食住行相关的"刚需"产业；另一种是代表未来的产业，是新兴产业、朝阳产业，是正在改变且未来还会更大规模改变人类生存条件、生活方式的关键产业，例如新能源、芯片、大数据、物联网、太空产业等。前者随着规模、用户、品牌、品质的提升，不断巩固行业领先优势，有望成为绩优公司，在持续不断的发展中推动股价持续上涨。后者随着技术、产品、服务和市场应用等方面的突破，叠加人们对于这些产业可能带来更加美好生活的憧憬和巨大想象力，为相关产业和企业的发展注入了强大的推动力。

（三）商业模式

对于滚雪球式投资而言，投资标的所在行业的商业模式应该是简单的、清晰的。这是因为，如果一个行业的商业模式很复杂，且严重受制于上下游产业链，特别是受制于全球产业链的，则不能算是优秀的行业。另外，从赚钱的难易程度看，上市公司可以归为辛苦不赚钱的、辛苦赚钱的、赚钱不辛苦的三种，后者为最佳。赚钱不辛苦，无非"护城河"宽、有技术壁垒、形成品牌优势、管理层优秀的行业，如白酒等行业。因此，投资者在选择投资行业的时候，应该选择商业模式简单、容易理解、赚钱容易的行业。

二、三大具有雪球特征的行业

以下我们按照"湿湿的雪"的标准分析消费、制造和制药三个行业，找出这些行业的特征，并且分析其选择方法。

（一）消费行业

标普500指数由美国标准普尔公司于1957年推出，最初的成员包括了425家工业公司、25家铁路公司和50家公用事业公司，合计500家，故名"标普500指数"。这些成员基本代表了美国主导产业中最优秀的公司。这些指数成员股票根据市值、交易量、收入等方面变化不断以旧换新，从1957—2003年近半个世纪，指数的成员发生了巨大的变化，大量的股票就像新陈代谢一般被踢出了指数，也有很多优秀的企业进入了指数，一直保留至2003年的指数中。那么，20个最佳"幸存者（公司始终保持了完整的结构，没有和其他任何公司合并，也没有被别人收购，一直完整地存留至今）"中，都有什么特点呢？

表1 1957—2003 年标普 500 指数 20 个最佳"幸存者"的关键数据

排名	2003 年公司名称	1000 美元初始投资的积累金额（美元）	年化收益率（%）	每股利润增长率	平均 PE	行业分类
1	菲利普·莫里斯公司	4626402	19.75%	14.75%	13.13	消费品
2	雅培制药公司	1281335	16.51%	12.38%	21.37	制药
3	百时美施贵宝公司	1209445	16.36%	11.59%	23.52	制药
4	小脚趾圈实业公司	1090955	16.11%	10.44%	16.80	消费品
5	辉瑞公司	1054823	16.03%	12.16%	26.19	制药
6	可口可乐公司	1051646	16.02%	11.22%	27.42	消费品
7	默克公司	1003410	15.90%	13.15%	25.32	制药
8	百事可乐公司	866068	15.54%	11.23%	20.42	消费品
9	高露洁棕榄公司	761163	15.22%	9.03%	21.60	消费品
10	克瑞公司	736796	15.14%	8.22%	13.38	机械制造
11	亨氏公司	635988	14.78%	8.94%	15.40	消费品
12	箭牌公司	603877	14.65%	8.69%	18.34	消费品
13	富俊公司	580025	14.55%	6.20%	12.88	消费品
14	克罗格公司	546793	14.41%	6.21%	14.95	零售
15	先灵葆雅公司	537050	14.36%	7.27%	21.30	制药
16	宝洁公司	513752	14.26%	9.82%	24.28	消费品
17	好时食品公司	507001	14.22%	8.23%	15.87	消费品
18	惠氏公司	461186	13.99%	8.88%	21.12	制药
19	荷兰皇家石油公司	398837	13.64%	6.67%	12.56	能源化工
20	通用磨坊	388425	13.58%	8.89%	17.53	消费品
上面 20 家公司的平均值		942749	15.25%	9.70%	19.17	
标普 500 指数		124486	10.85%	6.08%	17.45	

这 20 个最佳"幸存者"的共同点是，它们牢牢地占据着两大行业：消费品和制药。在 20 个公司中，有 11 家是知名的消费品牌公司，6 家是大型

药企，共17个，合计占比高达85%。也就是说，品牌消费和医药行业是诞生超级大牛股的摇篮。接下来，让我们逐一看看这些公司到底有什么特别之处。

第一名是菲利普·莫里斯公司。它最初是一家烟草企业，后来推出的万宝路香烟成为世界上最畅销的香烟品牌，推动股价一路向上，长牛不息。后来政府出台了禁烟条例，公司就用烟草产品的利润开始一系列并购活动，如1985年收购通用食品，1988年出资135亿美元购买卡夫食品公司，2001年又收购了纳比斯克控股公司，并于2003年更名为阿尔特里亚集团。如果投资者在公司1925年上市第一天就买入持有，本金一万，到2003年会变成25亿，年复合收益率高达17%。这就是菲利普·莫里斯公司创造的奇迹。

第四名是小脚趾圈实业公司。这家公司是生产棒棒糖的。很多读者可能会问，做棒棒糖的怎么会这么长寿，而且股票年化收益率高达16.11%？这个公司的名字来自一个小孩子。这家公司最早是一家小型糖果厂，创办人是一位奥地利移民，他用五岁女儿的小名——"小脚趾圈"为公司的糖果起了名字，由于产品非常畅销，后来干脆把公司的名字也改成了"小脚趾圈实业公司"。如今，公司每天生产超过6000万个糖果圈和2000万支棒棒糖，已成为世界上最大的棒棒糖供应商。在过去数十年里，进入标普500指数的"高大上"的科技类公司不在少数，但都是"三十年河东三十年河西"，新陈代谢，优胜劣汰，昙花一现，淹没在了历史的潮流中，但一个作为消费型的棒棒糖公司，却能穿越周期，实现了长期发展，为投资者带来了惊人的回报。如果投资者在1925年买入公司股票10万美元，到2003年已经变成1.09亿美元。过去46年累积收益高达1091倍，年复合收益率16.11%，比标普500指数的收益率高出5.26%。

第六名和第八名分别是可口可乐公司和百事可乐公司。可口可乐的生产流程仍然和100多年前一模一样，饮料配方一直对外保密，在过去46年取得1052倍的累积收益，巴菲特持有可口可乐多年获得丰厚回报的故事，也成为投资界的佳话。百事可乐在过去46年里,为相信它并持有它的投资人赢得收益866倍。

第十二位是箭牌公司。该公司是世界上最大的口香糖生产商,产品也和100年前如出一辙,没有什么太大的变化。如今,公司的产品遍布近100个国家和地区,占据全球市场份额近50%,在过去46年里,累积收益604倍,成为长牛股的典范。

此外还有高露洁棕榄公司(排名第九位)、亨氏公司(排名第十一位)、宝洁公司(排名第十六位)和好时食品公司(排名第十七位)等,这些都是全世界最知名的消费品公司。这些生产番茄酱、口香糖、日用品的公司竟然能够在时间的长河中抵御了风险,有效应对了诸多的不确定性,不仅成了一个长寿的企业,更是成了业绩优秀的公司,为股东带来了远远超出预期的收益。

以上仅为美国的例子。其实,消费多牛股的规律是放诸四海而皆准的。如日本股市,在1992—2017年的经济衰退期中,日本股市回报率最高的20只股票中有8只来自消费行业,占比达到40%;在中国股市,A股上市以来涨幅最高的50家上市公司中,医药和消费类上市公司占比超过50%。一份中国过去20年(2000—2020年)A股市场各行业的走势对比数据显示(总股本加权平均后的结果,期初价格统一调整成100进行统计),排名前三的行业是:食品饮料(必需消费)、家用电器(可选消费)、医药生物。

为什么消费股会出现大量的大牛股、长牛股呢?

在需求变化的过程中,人们对于消费品的需求有很多特有的性质,可以归纳为稳定性、扩张性和升级性,这些特有的性质决定了消费行业能够走出长线牛股的根本因素。

首先是稳定性。不管政治、经济或者社会环境发生任何变化,消费品的需求是硬性存在的。例如新冠肺炎疫情暴发,人们还必须吃饭,吃饭就是消费;人们需要看病吃药,这也是消费,不以外部的环境变化而发生根本性的变化。优秀的消费品企业能够穿越周期的波动，即使在经济寒冬之下也能保持较好的业绩，通过时间的复利累计实现稳定成长。中国A股市场有包括白酒为代表的消费品企业，从2002—2020年18年的时间里经过长期积累，最后远远跑赢了沪深300，也跑赢了绝大部分股票，这些企业成功穿越了多次经济周期，比如2008年的金融危机、2018年的中美贸易摩擦、2020年的新冠肺炎疫情，等等，股价连创新高。

其次是扩张性。马斯洛认为人类的需求可以分为五个层次：最低的是生理需求；二是安全的需求；三是社交需求；四是尊重需求，比如个性化、品牌、潮牌等；最后是自我实现，追求情感的敏感度，例如去买香奈儿的女士，除了商品之外更多追求的是品牌背后所体现的情感价值。所以，整个消费分级的情况，从低层次往高层次转变过程之中，消费会得到一个巨大的扩展，即不同的人群会有不同的消费需求，而同一人群在不同的人生阶段、发展阶段，也会有不同的需求，在人类生活的整个时空范畴内都具有强大的统治力。

最后是升级性。目前中等收入阶层已经成为支撑我国消费增长的主要力量，消费升级也成为不可阻挡的发展趋势，多元化、品质化、高端化、健康化的趋势越来越明显，而品牌对于消费的影响也越来越大。2003—2012年，我国整个白酒行业增速是28%，但从结构上来看，这28%的增速里有19%的年化增速是由产量增长提供的，也就意味着2012年之前白酒的增长主要靠量。我们对比一下2016—2019年，年化增速12%，但是这12%里有9%的增长都来自白酒价格的提升，高端产品供不应求，低端产品却出现了过剩，这就是消费需求的升级性。从整体而言，不管在什么历史阶段，在经济中高速增长的背景下，消费升级成为持久的投资主题。

从稳定性、扩张性和升级性，以及从证券投资的漫长历史看，消费行业具有强大的生命力和无限可能性，是投资者最不应该忽视的投资领域之一。

（二）医药行业

在上述统计中，在标准普尔500指数的原始公司中，只有六家医药公司存活下来，而且全部登上了20家最佳"幸存者"的名单。代表性药企情况如下。

1. 雅培制药公司。

该公司上市时正赶上1929年的经济大危机，经历几十年的发展，已经成为反病毒药物领域的先锋（特别是针对艾滋病毒的药物），同时也生产治疗癫痫、高胆固醇、关节炎的药品。1957—2003年，雅培取得了1281倍的累积收益，年化收益率超过市场平均水平5.5%。1957年10万美元的初始投资，到2003年年底增值为1.2亿美元。

2. 百时美施贵宝公司。

百时美公司创立于一个多世纪以前，1989年收购了一家历史可以追溯到19世纪50年代的制药企业施贵宝（Squibb），合并更名为百时美施贵宝。公司的一些产品家喻户晓，比如Excedrin和Bufferin，以及由附属公司Mead Johnson生产的儿童营养品，著名的处方药包括治疗高胆固醇的Pravachol和抑制剂Plavix等。在过去46年里，公司为投资人累积创造收益1209倍。如果在1957年投资10万美元，到2003年可以增值为1.21亿美元。

3. 辉瑞公司。

成立于1900年，该公司最早发现了抗生素和土霉素，在20世纪50年代推出索尔克氏疫苗和萨宾氏疫苗，并开发出销量最大的降胆固醇药物Lipitor。2020年，在新冠肺炎疫情大爆发下，全球第一梯队的疫苗研发中，辉瑞同样是先锋。1957—2003年，公司为投资人累积收益1055倍。如果投资者于1957年投资10万美元，到2003年已经身价上亿。

4. 默克公司。

默克也是全球药企的领先者，业务覆盖200个国家和地区。1891年，乔治·默克在美国新泽西州创立了默克公司；1953年，与沙东公司合并成为默沙东公司；2009年，默沙东又和先灵葆雅公司合并，此后两家公司的股票合二为一。1957—2003年，默克公司为投资人累积收益1003倍。如果投资者投资10万美元，46年后也成了亿万富翁。

其实，选择投资的目标，就是选择公司，就是选择公司的好生意。也只有好生意，才能让公司获得长期发展，才能够使收入与利润不断增加，总市值才能不断登上新台阶，投资也就赚钱了。

食品饮料行业历来都是牛股集中营，无论中外。比如美国的可口可乐，曾为"股神"巴菲特带来数百亿美元收益。再如A股中的贵州茅台，股价无人能出其右。上述食品饮料股及药品股能够如此风光，背后一定有它的原因。

一是食品和药品是必需品，是刚需。人类对于消费升级和健康的追求是持续增加的，所以从长期来看这些行业是不断增长的。尽管短期可能会有波动，但长期的增长态势是相对稳定的。并且，由于是刚需，企业的发展也会比较稳定，这使得许多企业都成了百年老店，在长期的经营当中获得了内在价值的提升。

二是食品和药品公司很容易在长期的经营过程当中形成品牌垄断。现在著名的食品公司，大多生存了百年以上，形成了自己的品牌，获得了自己的客户群体。这样的公司自然会形成长期的市场。医药公司也类似。比如治疗慢性病的药品，习惯了某个品牌之后，是不能轻易更换的，换药将造成许多后果，病情可能会反复，这在高血压领域最为明显，而这样的公司的"护城河"是相当深厚的。

三是无论医药公司还是食品公司，其实都有一个非常强大的功能，即抵御通货膨胀的能力，能够随着时间的延续而获得超过通胀水平的提价能力。比如食品，每天都必须消费。当成本上涨时，食品公司也很可能提高其消费价格，保持公司的利润率不变。

生在一个生生不息、长盛不衰的行业，与生在一个泥泞多变的行业，成功的难易程度是完全不同的，这是行业与行业之间的天然差别。食品饮料、酒、果酱、调味品，一顿饭就可以消费掉，因此它们被归入必需消费品。因为吃吃喝喝、打针吃药是人类永恒的刚性需求，为行业筑就了天然的"护城河"。无论时代如何发展，经济形势如何变化，饮食吃喝的需求是不变的，打针吃药的需求是不变的。只要活着一天，只要病没好，日常所需和医药的需求是不会变化的。也许这就是消费品行业和医药行业最过硬的投资逻辑。

箭牌公司的口香糖、大大泡泡糖，同样出现在全球各地的商超、零售店，哪怕是偏远地区的食杂店。可口可乐（产品有可乐、雪碧、芬达等）、百事可乐（产品有美年达、七喜、芬达、佳得乐、果缤纷等），这些产品几十年来没有口味上的变化，却长盛不衰。家庭日用品领域，除了高露洁外，舒肤佳、海飞丝、潘婷等都是宝洁公司的产品。通用磨坊通过哈根达丝冰激凌、湾仔码头、绿巨人等品牌，牢牢地把大人、孩子、少男少女们抓在了自己的手里。同理，在医药领域，雅培、默沙东、时美乐施贵宝公司，同样通过自己的品牌筑起了全球药企巨头的"护城河"。

结合中外股市发展的历史，可得出以下结论：

第一，消费行业成为大牛股的主要领域。因为消费升级、消费品质是人类永恒的追求。

第二，医药健康也是人类永恒的追求。人们对健康的需求，以及随着老龄社会的到来，医药健康前景无限。

第三，消费品和医药是长期投资的首选赛道。

（三）制造业

广发证券发展研究中心研究成果显示，日本股市在 1992—2017 年 25 年的经济衰退期中，前 20 只牛股中有 8 只来自制造业，占 40%。

回顾中国 A 股发展历程，海康威视、宁德时代、比亚迪、三一重工、隆基绿能、格力电器、福耀玻璃、恒立液压、美的集团这些制造业上市公司的股票，都为股民带来了非常可观的收益。例如，格力电器 2011 年 1 月 24 日股价 5.67 元 / 股，到了 2022 年 1 月 24 日股价 38.85 元 / 股，10 年间股价涨了六倍！格力电器自 1996 年上市以来，截至 2020 年 2 月 13 日，累计为投资者带来的回报是 533 倍，也就是说，假如你在格力电器上市第一天花两万元买入，目前你就是千万富豪了，不用整天折腾，只需要慢慢等待，就可以变富，达到基本的财务自由了。

制造业为什么会出现牛股呢？这是因为，一方面，制造业是一个国家的立国之本，而高端制造业更是一个国家经济的中流砥柱。制造业是未来中国崛起的关键领域，中国制造、中国智造、中国创造，都是未来的一个重要方向，国家对此高度重视，大力支持和推动相关行业发展。另一方面，很多制造业也涉及人们的消费升级、生活品质提升等，具有广阔的市场空间。

（四）为什么科技类的企业并没有出现在上述表单中？

在上面的"幸存者"名单中，并没有科技、电信和互联网类公司的名字。我们一般认为，科技类的企业代表着未来，具有巨大的想象空间和发展空间，理应获得较好的成长性，从而带来股价的巨大增长。但这些企业并没有出现在上面的名单中。

有人说，二十世纪五六十年代，并没有互联网企业。确实，互联网是从 20 世纪 90 年代兴起的，无法覆盖过去 40 多年的历史。但是高技术一直都是存在的。比如收音机，在今天不算高技术，但是在上世纪一二十年代，就是高技术。每个时代都有自己的高技术企业，都有高技术上市公司，但却没有"幸存者"。

其原因在于，这些科技类企业往往给予人们很高的期待，投资者也愿意给它们很高的估值，这就容易导致这些企业的业绩低于人们的期待，掉入"增长率陷阱"中，给股价带来拖累。此外，高技术领域创新风险巨大，竞争激烈，企业往往难以保持长久的竞争优势，难以给投资者带来持久的回报，甚至大量企业在时间的长河中，早早地没落、衰退甚至失败消亡了。

当然这并不是绝对的。对于20世纪90年代以来诞生的科技巨头来说，它们因为自身具有的平台性质、锁定效应、规模效应，成为全球经济发展的基础设施，长期占据全球产业的先导地位，实现了长期的增长，为投资者带来了巨大的收益。如微软、脸书、亚马逊、谷歌，等等。此外，苹果和特斯拉等公司作为全球科技公司的杰出代表，用层出不穷的创新俘获了消费者的心。这些企业的一个重要特点是，以创新为基因，以卓越的产品和服务占领消费者的心智，在资本市场上备受瞩目。

是否代表未来产业的发展方向，是否具有强大的创新基因与能力，是否拥有牢固的全球行业龙头地位，是判断一个科技企业投资价值的重要标准。至于这些企业能不能在未来数十年之内依然可以引领潮流，能否保持霸主地位，让我们拭目以待。

三、找到好价格的好企业

优秀的企业，除了很可能出现在上述这些赛道之外，还应该具备以下共性条件：

（一）具有核心竞争力

如"护城河"宽，市场占有率突出，竞争力强，经营稳健，净资产收益、净现金流可观且可持续，等等。巴菲特就给出了好公司的标准：

第一，具有较强的经济特许权；

第二，高于平均值的净资产收益率（如长期高于15%）；

第三，相对较小的资金投入；

第四，好的释放现金流的能力；

第五，诚实、能干的管理层。

在相关财务指标中，应重点关注净资产收益率、总资产收益率、投资资本收益率。

1. 净资产收益率（ROE）。

一般来说，优秀的、值得投资的企业的长期净资产收益率应该在15%以上。这是股东资产回报率，非常重要。此外，这也是衡量利润再投资的指标，让我们预估企业盈余再投资的成效。

2. 企业市场占有率。

对一家企业和所在行业的年收入总量进行分析，就能分析市场占有率。通过对市场占有率的比较分析，了解企业的市场统治力和竞争力。

3. 毛利率、净利率。

毛利率和净利率没有绝对的标准，不同行业具有不同的特点。企业的这两个指标不仅要在同行业之内进行比较，也要与国际同行进行比较。

4. 自由现金流。

自由现金流是企业持续发展的保证，很多企业破产不是因为产品服务不行，不是因为供应链不行，而是现金流出现了问题。一家企业的自由现金流等于经营活动和投资活动产生的现金流量净值之和。当然，企业在不同阶段，自由现金流可能是不一样的，一般来说企业初创期和快速扩张期，其自由现金流一般比较紧张，这个不可机械理解，必须结合企业的生命周期的阶段来判断。

有些人认为，优秀的管理层对于优秀的企业来说必不可少，但是也有人指出，真正优秀的企业能够容忍平庸的管理层。笔者认为，这两种观点都对，能够接受平庸管理层的企业当然很优秀，但是这种企业如果配上优秀的管理层，那就是锦上添花、如虎添翼了。

（二）估值偏低

值得投资的企业的股票价值是被低估的。这就是价值投资的核心要义。一个优秀企业的价格可能高出天际，远远超出了其内在价值；但也可能远远低于其内在价值，价格低于其内在价值的部分就是巴菲特所说的安全边际。

（三）龙头企业

行业龙头上市公司作为本行业最具代表性和成长性的企业，其投资价值远远超过同行业其他企业。因此，抓住行业龙头也就抓住了行业未来的大牛股。无论是短线还是中长线投资，如果能适时抓住龙头股，都能获得不错的收益。

2017年，中泰证券兼中泰资管首席经济学家李迅雷发表了一篇名为《究竟什么样的行业龙头才值得重仓》的文章。这篇文章介绍，2002年，拥有当年最强行业研究阵容的国泰君安研究所，让每个行业的研究院推荐一只未来能成为行业蓝筹的股票，共推荐了30个行业的30只股票，并汇编成书《未来蓝筹——中国行业龙头研究》。在已经上市的29家推荐公司中，15年后成为行业龙头的上市公司有11家，选对的行业龙头大约40%，但有60%被错判，其原因是企业未来发展存在巨大的不确定性。

例如，编制这份报告时，五粮液的销量远大于贵州茅台，其管理层的战略布局也是风生水起。而且，当时国内大部分消费者还很难接受酱香型白酒，但若干年之后，茅台的"国酒"地位得到了确立。此外，当时海尔集团、四川长虹风头正劲，但未曾料到格力电器后来居上。

虽然国泰君安研究所的研究员预测错了60%，但如果我们持有上述公司15年（2002—2017年），这些公司15年的市值算术平均增长了453%，年化收益率为12%，但同期上证指数只上升了150%。所以，选择行业龙头并分散资金以合理价格买入，其收益还是可以跑赢指数的。

今天，我们选择行业龙头的成功率会更高，因为经过20年的努力，行业发展越来越成熟，行业龙头的地位会得到进一步巩固，竞争优势会更加突出。有一句话说得很好："钱会去到它应该去的地方。"

第三节 找到长坡：雪球的时限

一、等待价值回归

股市是时间的艺术。德国的大投资家安德烈·科斯托拉尼有一个比喻，即股价与一家公司的关系，就像狗与主人的关系一样，表面上看，这只狗有时跑到主人前面，甚至跑得离主人很远，有时跑到主人后面，甚至也会离开主人很远，但是这只狗总是要跟主人回家的。

在股市里，主人就是小狗所盯住的价值。不管小狗跑前、跑后、跑到哪里，都是围绕主人在转，总是要实现价值回归。

股票投资最基本的原理就是，用合适的价格买入超值的股票。如果做到这一点，就能在股票随着价值兑现时高价卖出股票，实现盈利。换句话说，股价离开了价值，迟早有一天会回来。当股价高估的时候，它会跌回其应有的价值；当股价低估的时候，它会涨上去，实现它的价值。

在现实中，股价不可能永远脱离价值上涨，也不可能永远低于它的价值，价值回归是股市的公理。

但是作为投资者，如何知道股价是高估还是低估的呢？

因此，股票的基本技能就是，给股票估值。如何给股票估值？

首先看基本面。对于价值投资者而言，基本面是判断一个股票是否具有投资价值的前提。主要看以下几个方面：

第一，盈利能力。看它的盈利能力、利润率是否比别人强。

第二，业绩预估。是否会有长足的增长以及良好的盈利性。

第三，业绩成长性。来源于股票基本面，看过去几年的收益和利润是否持续性地增长。

第四，估值合理性。这家上市公司的估值较其业绩而言是否合理，以及与别家相比是否合理。

第五，偿债安全性。在负债上是否足够安全，杠杆是否能够平稳偿付。

按照目前的分类，对上市公司股票进行估值的方法主要有两大类，一类是绝对估值法，另一类就是相对估值法。

相对估值法简单易懂，也是投资者广泛使用的估值方法。就目前而言，较为常用的相对估值法就是用市盈率、市净率、市售率和市现率等价格指标，将某个股票和其他股票进行对比，如果低于所参考股票相应的指标值的平均值，就说明该股票价格上涨概率相对较大，投资价值显现。

不过，每种指标考察的侧重点各不相同。比如市盈率能够直观地反映对企业盈利能力的预期，主要适用于周期性行业和盈利相对稳定的行业；市净率则主要适用于周期性较强的行业，以及拥有大量固定资产和账面价值比较稳定的行业。当然，各项指标也存在不可避免的缺陷。比如市盈率受经济周期影响易产生波动，净利润为负的公司无法使用；市净率对无形资产价值难以准确测算，不适合轻资产型的公司；市销率则无法直观反映盈利能力。

表2 各种指标优势和劣势对比

主要指标	优点	缺点
市盈率（PE） 每股价格/每股收益	计算简便，直观反映了对企业盈利能力的预期；市盈率估值主要适用于周期性行业和盈利相对稳定的行业	受经济周期影响易产生波动，净利润为负的公司无法使用
市净率（PB） 每股价格/每股净资产	净资产极少出现负值，资产相较利润更难人为操纵；主要适用于周期性较强的行业，拥有大量固定资产和账面价值比较稳定的行业	无形资产价值难以准确测算，不适合用于轻资产型的公司
市销率（PS） 总市值/营业收入	营业收入不会为负，适用范围更广；适用于营业收入不受折旧、存货、非经常性支出的影响的行业	未考虑成本变动的影响，无法直观反映盈利能力
PEG指标 PE/净利润增长率	主要用于成长型企业，更好地测算了公司的成长性，优化了对高市盈率公司的估值	净利润为负的公司无法使用；忽略了公司当前的盈利能力

相对估值法通常的做法是对比，既可以和该公司历史数据进行对比，也可以和国内同行业企业的数据进行对比，以确定它当前所处的位置；另外，还能和国际上的同行业重点企业数据进行对比。当然，市盈率、市净率、市销率、市现率等价格指标都可以进行对比。如果低于相对应的指标值的平均值，意味着所考察的股票价格被低估，股价将很有希望上涨。

具体如何操作呢？就是运用相对估值方法计算得出的倍数，比较不同行业之间、行业内部公司之间的相对估值水平。但不同行业公司的指标值并不能作直接比较，因为其差异可能会很大。

巴菲特在2002年、2003年买入中石油。当时，中石油生产中国2/3的石油和天然气，中国每天消耗超过500万桶的石油，而2002年汽车销售激增将近60%，但只有七倍的市盈率，同时埃克森美孚石油的市盈率达到了15倍，与埃克森、BP、壳牌相比，中石油显得相当便宜。伯克希尔以4.88亿美元买入中石油1.3%的股份，对应公司市值为370亿美元。巴菲特和芒格认为该公司大约值1000亿美元。2007年，两个因素使其价值急速上升：原油价格大幅上涨，以及中石油在石油和天然气储量发现方面成效显著。2007年下半年，中石油的市值上升至2750亿美元。他们认为，与其他石油巨头相比，这个价格较公允。于是，他们以40亿美元将其清仓。

巴菲特用的就是相对估值法投资中石油。我们再以贵州茅台来举例说明，采用与历史数据进行比较来判断其当前的投资价值。历史数据表明，在2020年之前的10年时间里，贵州茅台市盈率基本都在9～40倍之间，但自2020年以来估值抬高很多，并在2021年2月前后最高超过70倍。目前的市盈率是42.5倍，虽然当前股价距离历史最高的2608元已经下滑了32%，但与其过去相比，贵州茅台的股价依然不便宜。

通过上述案例分析不难发现，相对估值法反映的是公司股票目前的价格是处于相对较高还是相对较低的水平。通过行业内不同公司的比较，可以找出在市场上相对低估的公司。但这也并不是绝对的，比如市场给予公司较高的市盈率说明市场对公司的增长前景较为看好，愿意给予行业内的优势公司一定的溢价。

在这几种指标中，市盈率是比较常见的，它以每股收益来衡量公司的盈利能力，其计算公式为：每股价格÷每股收益。但市盈率指标有时并不稳定。市净率代表每股净资产，比每股收益更加稳定，其公式为：每股市价÷每股净资产。但是当公司之间规模差距较大时，市净率数据会产生误导。

市盈率也有失灵的时候，比如商业模式不同、行业不同、企业寿命不同、所处生命周期不同、市值大小不同，等等，都会造成市盈率的不同。如在2013年年底，受整体环境影响，茅台走下神坛，股价跌到140元以下，市盈率下滑至10倍左右，实际上已经具备了很大的投资价值。

在实践中，要善于抓住市盈率的误判。例如，一些优秀企业在初创、快速扩张期，它的市盈率达到40、50，甚至上百，这些都是没有太多意义的。回顾贵州茅台、格力电器、云南白药这些优秀企业，包括亚马逊、腾讯、阿里这些企业在上市初期，是无法用市盈率来估值的。

此外，一些传统企业优秀企业容易被误判，如万华化学等。还有一种情况，就是市场情绪的变动。市场情绪的变动造成市盈率变动，在用市盈率进行估值的时候，必须考虑市场情绪对于市盈率的扰动。

我们在使用估值方法的时候，最好是结合两个以上方法进行综合分析，这样才能得出比较好的结果。基于这种估值，投资者就能够发现投资标的价值，就能够坐等价格回归价值，而这个价格回归的过程，就是一个滚雪球的过程。

等待价格回归是一个滚雪球的过程，是一个具有巨大确定性的盈利模式。其中的要点是：

第一，正确的估值。并且，要随着宏观经济、产业发展和企业基本面的变化进行监测与调整，要确保这个估值与当前价格相比，具有足够大的想象空间。

第二，足够长时间的等待。价格回归是一个漫长，而且具有不确定性的过程，必须有足够的耐心来等待。

第三，价值兑现。等到价格公允地体现价值之时，且随着价格上涨可能导致高估的时候，应及时兑现。除非可判断该企业是一个极具潜力的公司，在未来一个新的周期中会创造更大价值，能够支撑起更高的估值。

第四，抓住合适的买入时机。买入股票的三大机遇：第一，大熊市、大股灾。如2008年大熊市、2015年大股灾、2020年新冠肺炎疫情暴发导致的股市暴跌。第二，"王子遇难"。因行业需求下降，格力电器2015年收入减少29.04%，利润下降11.46%，当年的股价从高点跌幅60%以上，但在第二年就创下新高。第三，长牛股大调整。贵州茅台在2012年、2013年股价暴跌，都是很好的买入机会。

二、穿越周期

（一）穿越周期的股票特征

人的生命周期是 80 年左右，房地产周期是 30 年左右，航运周期是 10 年左右，节气周期是一年左右，养猪周期是四个月左右，养鸡周期是一个月左右。

这些都是周期。在投资中，无数大牛股都消失在周期里。如果炒股离开牛市就什么都不是了，这和靠天、靠运气吃饭有什么区别？穿越周期表面是要顺周期，本质却是逆周期，顺周期扩张只是手段，逆周期生存才是目的，穿越周期的就是强者。

我们来看三个正向案例：麦当劳、强生、可口可乐。

第一级跨越：20 世纪 70—80 年代，产业结构的变迁。第二次世界大战后婴儿潮带来的人口红利以及消费需求的释放，加上减税、财政刺激等政策举措，开启了 20 世纪 60 年代之后的消费 "黄金时代"。1978 年，美国人均 GDP 过万，伴随通胀回落，居民消费力提升，进入了大众高消费时代。麦当劳、强生、宝洁、可口可乐在这段时间均有 15%～20% 的复合增长率。

第二级跨越：20 世纪 80—90 年代，行业集中度的提升。随着经济从高速增长阶段进入低速稳步增长阶段，多数行业都会出现集中度提升的过程。不仅包括上游的资源、原材料，还包括中游的制造，下游的零售、医药等。

第三级跨越：20 世纪 90 年代至 21 世纪初，全球化的扩张。自 20 世纪 90 年代以来，全球化扩张的步伐，是支撑美股各行业龙头盈利和股价再上台阶的关键（各行业龙头 ROE 中枢都稳定在 20% 左右，无论是消费、科技，还是制造业）。事实上到了 2010 年之后，部分公司开始了第四级跨越，即通过持续回购来维持高 ROE，比如麦当劳、3M。

能够穿越周期的特质有：

第一，符合时代产业结构变迁（行业空间增量）；

第二，受益于行业集中度提升趋势（较强的品牌价值、消费黏性，较少的产品更替、模式变迁）；

第三，受益于全球化扩张趋势（技术、成本等具有比较优势，或有文化输出能力）；

第四，现金流好，能够支撑较高比例的分红和回购（以较低的增速维持稳定的 ROE）。

我们再来看看三个反向案例：IBM、柯达、西尔斯。

IBM：20 世纪 80—90 年代，分别上涨了 120%、481%；21 世纪第一个十年 10 年代，仅上涨了 35%、37%。科技技术的创新与更迭也令科技企业延续辉煌难度加大。PC 时代的 IBM、思科，两者都在随后的科技浪潮中逐步暗淡。

柯达：柯达的倒闭凸显了科技技术路线变迁所带来的颠覆性变化。依赖于科技创新、产品不断升级换代的企业，其永续增长能力，要弱于必需消费品公司。

西尔斯：百货业的百年混战，反映的是消费者结构、收入、需求的变化。

无法穿越周期的企业特征有：

第一，商业模式易随时代变迁的行业（消费需求、消费方式、人口结构的变化）；

第二，产品和技术不断更迭、技术路线较单一、易被科技浪潮颠覆的公司；

第三，过度多元化扩张，但主业壁垒不够牢固的公司；

第四，现金流不好或不稳定，难以承受宏观系统性风险冲击的公司。

（二）资产组合

大卫·史文森上任之前的耶鲁基金，遵从大部分大学捐赠基金的配置方法，按 60∶40 配置美股和美债、现金。史文森上任之后，大刀阔斧改变了投资策略，他将美债、美股两个投资品种边缘化，加入房地产、油气林矿、PE 股权、对冲基金等多元化配置，坚持长期投资、定期调整，最大限度地分散风险，以求稳健增值。他的这一投资理念，使得"耶鲁模式"成了机构投资标杆，史文森也成为机构投资的教父级人物。

在史文森的著作《不落俗套的成功：最好的个人投资方法》中，他将投资中所有的事归纳总结为三件：资产配置、择时交易、证券选择。其中，资产配置是最核心的收益来源，投资收益的约 90%，甚至 100% 来源于此。而择时、择股作用甚微。史文森建议个人投资者正确的投资做法是，根据长期目标做资产配置，投资核心资产类别，做好再平衡，并且每种资产配置的比例可以分布在 5%～30%。

实际上，要穿越周期，最佳的方案就是资产组合，选择行业龙头，分散风险，取得稳健收益。选择龙头和分散风险的最大好处在于，"东边日出西边雨，道是无情也有情"，即使股市发生巨大波动，也能保证有一部分投资标的成为"中流砥柱"，使投资获得平稳的收益，能够助力投资穿越周期。

（三）坚持长期投资

《漫步华尔街》的作者伯顿·G. 麦基尔，在书中为各个不同年龄段的投资者量身定制了生命周期投资策略，并提出了五项投资原则。其中，他提出，风险与收益总是相伴而生的，投资者应该在危机中看到希望。因此，投资者不要因为股市波动的风险就惧怕投资。

同时，麦基尔指出，投资股票和债券的风险取决于持有资产的期限长短。谁也不能保证自己始终低买高卖，但延长投资持有期则可有效地降低风险。麦基尔认为"长期"是基于至少 20 年的表现来判定的，他鼓励年轻投资者在理财上要坚信长期的力量。

投资的风险可以分成两类，一类是股价波动的风险，一类是本金永久性丧失的风险。具体表现到股票投资上，前者的风险实际上仅仅是短期股价的波动，并不是基本面的改变，这样的风险是可以承受的。

而第二种投资风险是本金永久性丧失的风险，具体到股票投资上，可以解释为企业的经营风险。

要做到穿越周期，建议投资龙头企业，因为龙头企业的经营风险不大。这些龙头企业从长期来看，首先活下来是没问题的，能不能活得好，可能和大环境以及公司竞争力有关，而小企业可能活下去都成问题。目前世界上很多行业已经结束了自由竞争阶段，进入到大型公司垄断竞争阶段，在这种情况之下，行业集中度会进一步向行业龙头企业集中，而小企业可能就会被淘汰。也就是说，投资于小企业面临的是经营风险，是本金永久性丧失的风险，是难以穿越周期的。

巴菲特思想的实质是：以较低或者合理的价格买入优秀或者伟大企业的股票并长期持有。

但是，长期是多长呢？本书中提到过多次巴菲特说过的话：一只股票如果不想持有10年，就不要持有10分钟。在巴菲特的投资生涯中，他真正持有10年以上的股票并不多，只是少数，他卖出了很多股票，比如企业的经济特征发生了根本的变化，企业发展走错了方向，公司失去了"护城河"，等等。

但是，我们不能机械地理解巴菲特的话，虽然他没有完全做到，但是他的话是对的，就是你必须真正从企业的价值出发来选择股票，而且必须坚持持有，直到这个公司出现了问题。

以超长期投资著称的菲利普·费雪在其《怎样选择成长股》一书中谈到他的"三年守则"，他一旦发现心仪的股票，就坚定地持有三年，等三年之后再操作，如果与自己判断的不一致，才会卖出。

因此，我们作为普通投资者来说，即使做不到10年，也做不到三年，那么至少应该坚持一年。

对于个人投资者，相对于机构投资者而言，至少具有以下优势：

首先，用闲钱投资。个人投资者用闲钱，而不是用杠杆投资，在这种情况下，如果遇到低迷行情能够挺过去。

其次，对资金具有绝对控制权。机构投资者必须应对客户资金的赎回问题，而且要控制回撤，个人投资者不用考虑这些问题。

最后，没有排名压力。股票市场会对机构投资者的短期业绩进行排名，这种短期激励方式会带来短期的过激行为，对于机构投资者而言，要坚持以年为单位持有股票，是件很困难的事情。而个人投资者，特别是有固定收入的投资者来说就完全没有这种压力。

个人投资者制胜的法宝就是一个字，熬。为什么需要熬？主要原因是：

第一，企业的发展不是一朝一夕的事。企业业绩的实现是一个长期的过程，好酒历久弥香，一个企业只有在长期的发展中，它的业绩才能实现，它的价值才能兑现，而它的股价才能更好地反映出业绩的变化。

第二，市场的波动是一个长期的过程。市场先生兴奋的时候，就会给出很高的价格；而当他郁闷的时候，价格就会很低。只有在很长的时间内，这种高估和低估造成的波动才会被熨平，展现出这个公司的真实价值来。

《穷查理宝典》中是这么说的："如果你因为一样东西的价值被低估而购买了它，那么当它的价格上涨到你预期的水平时，你就必须考虑把它卖掉。那很难。但是，如果你能购买几个伟大的公司，那么你就可以安稳坐下来了。那是很好的事情。我们应该偏向于把大量的钱投在我们不用再另做决策的地方。"

芒格把这个成熟的投资观点提炼成一个词语，叫作"坐等投资法"。

（四）投资长寿企业

能够穿越周期的企业应该是长寿的企业。长寿的企业，是指拥有市场经济特许经营权或者有很宽的"护城河"的企业。这是从时间维度看的优秀企业。到目前为止，中国的百年老店只有 10 多家，而且大部分都是餐饮店，比如全聚德、北京六必居酱园、上海绿波廊酒楼、张一元茶庄等大部分都是餐馆。反观日本，拥有 2.5 万家百年老店，其中最古老的一年店是成立于公元 578 年的建筑企业"金刚组"，这家老店距今已经有 1400 多年的历史了，它一直坚持"手工制造"，现在这家百年老店也经营得很好，提供最高端的木制品服务。

但是我们说的好的企业，从投资者生命周期的角度来看，并不需要找到百年老店，而是应该找到那些能够经受经济周期、行业周期波动考验的企业，这些企业应该是有旺盛而坚韧的生命力的企业。

三、卖出股票

滚雪球突出的是长期持有优秀的股票，从上市公司的增长之中获取分红和股价上涨带来的收益。但是，这个长期是多长？投资者一般不可能永远持有一只股票。

第一，当这个上市公司的基本面在长期持有过程中会发生变化，可能会从一个优秀公司变成一家普通的公司，甚至一个差公司。当持有股票已经不再符合优秀股票标准时，选择卖出股票。

第二，这个公司的股价在上涨过程中，价格严格偏离价值，出现严重高估情况，要选择卖出股票。

第三，持有公司股票过程中，可能发现更好的投资标的，可以调仓换股。

第四，当投资者发现自己对投资标的的判断出现了错误，就一定要立即卖出。

第五，在极为罕见的情况下，长期持有股票。参考巴菲特持有可口可乐已经 30 多年；段永平表示腾讯就是非卖品，长期持有是可能的。

四、正确面对回撤与波段

回撤是股市中每天都会面对的问题。价值投资者如何控制回撤，也是投资的首要问题。

根据投资的二八定律，股市 80% 的时间是不赚钱的，只有 20% 的时间是赚钱的。行为金融学丹尼尔·卡尼曼和阿莫斯·特沃斯基的研究表明，人们在衡量盈利和损失时的心里感觉是不同的，损失带来的痛苦要远远大于盈利带来的喜悦。不能接受这种痛苦就会很快退出。有些投资者明知道某些股票持有三五年大概率会赚钱，但无法坚持。

看看巴菲特那些经典投资案例的"前半场"：1972 年开始买华盛顿邮报，到 1974 年末投资额由 1062 万美元缩水为 800 万，1978 年才"解套"；投资富国银行前两年没有赚钱，买入美国运通后持有四年股价横盘，差点儿处理掉，据说幸好打了一场高尔夫球才改变了观点；可口可乐 40 美元买入，曾跌到 20 美元见底。

对于价值投资者来说，什么是回撤？价值投资者没有回撤。此外，优秀企业不怕回撤。

对于许多投资者而言，他们热衷于做波段。从实际效果来看，波段操作会不会成功呢？不能说不成功，甚至你可能会成功多次，但是终有一天会做不成功，进而形成自己投资道路上的"负复利"，甚至多少年的"成果"毁于一旦。此外，人是习惯性动物，当你初步尝到波段操作成功的甜头后，你再想控制自己，实际上是很难的。在这种情况下，你终有一天会大概率地出现"大失败"（这种大失败会将原来的多次小成功抹平，即造成负复利）。

如果立志做长期价值投资，就要尽快彻底消除做波段的想法，从此让做波段、追求收益最大化这个"小魔鬼"不再侵扰自己，安安心心地、纯粹地做价值投资。

第六章
雪球实战

钓鱼的第一条规则是,在有鱼的地方钓鱼。钓鱼的第二条规则是,记住第一条规则。

——查理·芒格

滚雪球是知行合一的艺术。它不仅仅提供了一套逻辑自洽的理论体系，更重要的是它拥有指导实践的强大力量。成功的投资者有很多，但长寿的投资者很少。一年内翻好几番的故事很多，但是十几年或者几十年之内年均增长 10% 以上的案例很少。前者在大多数情况下属于运气，当然也不排除有真正具备眼光和能力的专业投资者，但是后者则大概率是雪球哲学的信徒。本章会讲述几个雪球实战案例，包括巴菲特投资可口可乐、段永平投资网易、但斌投资贵州茅台，供读者参考，期待这些实战故事能够给大家带来一些启发。

第一节　巴菲特投资可口可乐：长坡上的厚雪

可口可乐是巴菲特价值投资理念最佳的实践案例。

　　巴菲特对于可口可乐的喜爱，想必大家都知道，他宣称自己每天都要喝掉五罐可口可乐。每年的伯克希尔·哈撒韦的股东大会上，巴菲特和芒格也是可口可乐不离口。

　　1980 年，可口可乐更换了董事长，罗伯托·戈伊苏埃塔担任可口可乐的 CEO，在他的带领下，可口可乐扭转了颓势，并且利润率开始提升。公司利润率从 1980 年的 12.9% 上升到 1988 年的 19%，净资产收益率也达到了 31%。在那几年内，可口可乐的市值以 19.3% 的年复利速度成长。

　　1987 年，可口可乐陷入了困境，百事可乐挑起了装瓶商之间的矛盾，可口可乐的股价较为低迷，公司在不断回购股份，1987 年年底的股价为 38.1 美元。

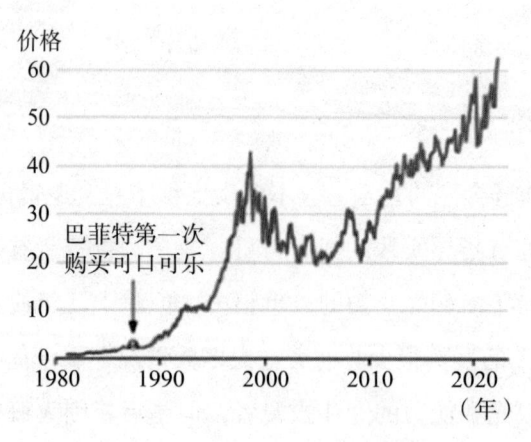

图 1　可口可乐 40 年间价格趋势

1988 年，可口可乐的毛利率为 19.2%，净利率为 12.4%，净资产收益率为 33.3%，净利润在过去五年都在逐步上升，加上每年都在回购股份，每股净利润年均增长率为 15.6%。当年每股净利润为 2.84 元，购买价的市盈率为 14.7 倍。1988 年，可口可乐在世界碳酸软饮料行业的市场占有率为 45%。

这一年，巴菲特开始大量买入可口可乐的股份，1988 年年底共持有 1417 万股，成本为 5.92 亿美元，每股平均购买价为 41.8 美元。到了 1989 年年底，对可口可乐的投资占到了伯克希尔公司投资组合的 35%，成为绝对的重仓股。

三年后的 1991 年，可口可乐的净利润从 1988 年的 10.4 亿美元增长至 16.17 亿美元，增长了约 60%，但是市盈率提高到了 33 倍，增长了 1.2 倍。结合每年的股票回购，使得巴菲特持有股份的市场价值提高到 37.5 亿美元，是买入成本 10.24 亿美元的 3.7 倍，年均收益率为 38.5%。

此后，巴菲特在 1994 年继续增持了可口可乐股票。自 1994 年以后，巴菲特在可口可乐的持仓上基本没什么变动，在 2012 年可口可乐进行拆股后，持仓数量一直维持四亿股。

可口可乐的股价并不是一帆风顺的。

1998 年，美国股市接近 17 年牛市的末期，可口可乐股价在年中最高涨到每股 70 美元，当年的净利润为 35.3 亿美元，每股盈利为 1.42 美元，市盈率约 50 倍。这一年年底，伯克希尔在可口可乐的持股市值为 134 亿美元，10 年里增长了约 11 倍，年均复合收益率约 27%。这样的市值增幅中，市盈率由 15 倍涨至约 50 倍，贡献了约三倍的增长，净利润增长约 3.5 倍，另外每年的回购也提高了每股净利润。

随着 2000 年高技术股泡沫破裂，美国股市进入长期的调整中。可口可乐的净利润从 1997 年开始下滑，直到 2003 年才恢复到 1997 年的利润水平。在 2008 年又遇上金融危机，可口可乐的股价直到 2012 年才重新站上 1998 年的高点。

2012 年，可口可乐的净利润为 90 亿美元，是 1998 年 35.3 亿美元净利润的 2.6 倍，每股净利润为 1.97 美元，年底股价为 36.3 美元，市盈率约为 18 倍，比 1998 年的 50 倍市盈率降低了约 65%，两者综合影响，导致巴菲特持有股份的市值在这 14 年里只增长了约 10%，持有市值由 1998 年的 134 亿美元增长至 145 亿美元，期间收到的分红总额约为 30 亿美元。

巴菲特说，最好的生意是那些从长期而言，无须更多大规模的资本投入，却能保持稳定高回报率的公司。在他心目中，可口可乐是对这个标准的完美诠释。

巴菲特长期持有可口可乐，一方面是看好这个公司的长期持续的投资回报水平，另一方面跟美国的资本利得税相关。

在美国的资本市场中，投资人决定是否卖出股票时，需要考虑一项叫作资本利得税的税种。在美国的资本市场，资本投资所获取的增值收益，是需要缴纳一定税额的所得税，当前资本所得税达到 20% 的税额，这是一个相当重的税额。如果巴菲特将所持可口可乐的股票在市值 210 亿美元时抛出，那么所交纳的税额在 40 亿美元左右，这相当于可口可乐下跌 20% 的空间。而且可口可乐股票价格下跌 20% 后，市盈率又基本回归到了合理估值区间。

对于巴菲特而言，在此时卖出股票就相当于在合理估值区间内卖出股票，这明显是一种不太明智的选择。而且在"失落的 12 年"期间，巴菲特还可以得到可口可乐每年稳定增长的分红，大约八年时间的分红总额，就可以与当初的投资额相等。也就是说，巴菲特每年获得的分红大约占到当初投资额的 13%，这样的稳定收益与卖出股票所需缴纳的资本所得税相比，持有股票才是一个较为明智的选择。

巴菲特投资可口可乐具有的重要启示如下。

（一）用合理的价格买入优质公司股权并长期持有，获得合理的回报

用合理的价格买入优质公司股权并长期持有，获得合理的回报，这是雪球哲学的精髓，也是巴菲特给投资者最重要的建议。可口可乐公司在数十年来稳定增长，此前不久股价已创下历史新高，股价从整体上看位于历史上的高位。当时，可口可乐 PE 是 15 倍，股价是现金流的 12 倍，分别比市场平均水平高出 30% 和 50%。当巴菲特 1988 年首次购买可口可乐时，人们不禁要问："可口可乐的价值体现在哪里？"

1988 年，可口可乐的股东盈余是 8.28 亿美元，而当时的美国 10 年期国债收益率是 9%，如果按照国债收益率作为贴现率，可口可乐的价值为 92 亿美元。而当时巴菲特买入时，可口可乐公司的市值是 148 亿美元。所以，乍一看，巴菲特买高了。但是巴菲特看重的是可口可乐未来持续的高增长，如果按照未来 10 年可口可乐保持 15% 的增长率，那么 10 年后可口可乐的股东盈余将达到 33.49 亿美元。如果从第 11 年开始，可口可乐增长率降低至 5%，用 9% 的贴现率，在 1988 年可口可乐的内在价值是 483.77 亿美元。即使未来可口可乐的增长达不到预期值，即使未来增长一直持续在 5% 左右，可口可乐的价值至少也有 207 亿美元，所以巴菲特投资可口可乐时仍有很大的安全边际。

这里巴菲特的判断涉及股票投资的一个重要环节，就是给股票进行估值。什么是优秀股票？什么是合理估值？巴菲特选择投资可口可乐，一个

很重要的原因是因为可口可乐有无可比拟的商誉，股票表面上的价格说明不了价值，必须综合考虑各方面因素，让估值更为合理。

（二）能力圈原则永远是投资的重要前提

巴菲特成功投资可口可乐的核心因素，就是因为巴菲特多年积累的能力圈。他的能力圈主要是在保险业、银行业，还有大众消费品业，特别包括可口可乐公司。巴菲特从五岁开始第一次接触可口可乐，然后就爱上了这种饮料，并且在1986年将可口可乐作为伯克希尔公司年会的正式官方饮料，在许多公开场合，巴菲特都是可口可乐不离手，对于公司和产品的认知远远超出了一般人。

一个人的能力圈对他最终的投资结果有着非常重要的影响。而能力圈的培养是每个人都可以做到的，它不需要太多的智力，不需要懂很多，唯一需要的是在一个具体的行业上下功夫，你只要知道得比别人深，你投资的胜算就比别人大。

（三）价值投资就是等待价值的兑现

巴菲特的每次投资都只投向未来收益确定性高的企业。判断是否有确定的收益，也就是判断公司是否有"护城河"，拥有核心竞争力且不易被替代的公司均能实现持续盈利。对于巴菲特来说，在日常消费领域具备垄断性特征的公司，往往就是值得长期去跟随和守候的。

可口可乐的生意相当简单：公司购买大宗原材料，然后根据配方生产浓缩原浆，卖给装瓶商，再由他们将浓缩原浆与其他成分合成成品。装瓶商将成品卖给零售商，包括小商铺、超市、自动贩售机。公司也面向餐馆和快餐连锁店提供软饮料，在那里，它们被分装在杯子和玻璃瓶里卖给顾客。这种简单却能无限复制的商业模式，加上稳定增长的回报，是一个优秀企业的重要特点。

巴菲特说，最好的生意是那些从长期而言，无须更多大规模的资本投入，却能保持稳定高回报率的公司。他在可口可乐上的投资，充分彰显了他的价值投资理念，以及滚雪球的思路和方法。

（四）运用贝叶斯原理对投资标的进行持续跟踪，从而确定成功概率

巴菲特衡量是否投资可口可乐的主要依据是，可口可乐近100年的经营业绩记录。这意味着巴菲特可以根据这些有效信息进行频率分布的分析，从而得出概率。同时，巴菲特运用贝叶斯定理分析后续新增的信息，不断对相关结论的概率进行调整。例如，巴菲特可以看到罗伯特·戈伊苏埃塔领导的管理层正在改善企业的经营结构，并且在市场上不断回购公司股票，这意味着公司的内在价值正在得到不断提高，而这也使得巴菲特衡量的投资成功概率随之提高了。

（五）穿越周期是顶级投资高手的从容与优雅

我们复盘巴菲特对可口可乐的投资，会发现他用了12年的时间，从1999年开始下跌到2010年年末才恢复股价。巴菲特持有可口可乐12年并没赚钱，但是他却没有放弃。在这个12年间股价有涨有跌，其中是企业发展周期、行业周期和宏观经济周期相互作用的结果。但在2010年之后，可口可乐又实现了大幅度的增长。可以说，穿越那个12年，12年里有金融危机、有经济萧条，实际上就是穿越了周期。对于价值投资、对于滚雪球来说，穿越周期是一个重要的特征。对于选股和持股而言，能够穿越周期是判断一个投资者是否足够优秀的重要表现。

第二节　段永平投资网易：投资就是买好公司

2006年，段永平在eBay上以62.02万美元拍下了和巴菲特共进午餐的

机会。

事后在谈到这顿午餐时，段永平说："有很多人说你花了这么多钱划不划算……我一听这话就知道和这个人谈不下去了。我又不是把跟巴菲特吃饭这事当成生意。我就是想给他老人家捧个场，告诉世人他的东西确实有价值。他不是缺这个钱，我也不是为了吃这顿饭，不是像有些人想象的，我为了去他那儿讨一个秘方、锦囊妙计，哪天掏出来一看就能发大财。"

段永平说的"他的东西确实有价值"，到底是什么呢？这个时候，段永平持有网易公司的股票，已经取得了惊人的收益。他对于巴菲特思想的领悟和应用取得了显著的成效，从一个企业家成功转型为一个投资人。也许，他所说的"价值"就是巴菲特的价值投资，以及雪球哲学。

段永平早年间因为小霸王、步步高闻名天下，后来为了追随太太去了美国，平时专心带娃，闲时读读巴菲特的书。这个时候，一个巨大的投资机会来了。

2000年6月，29岁的丁磊创办的网易迎来了巅峰时期，公司成功在纳斯达克上市。但这段高光时刻没有持续多久，美国互联网泡沫破裂，纳斯达克指数暴跌80%！2000年3月11日至2002年9月，在短短30个月内，纳斯达克指数暴跌75%，创下六年来的最低点位。网易股价也从15美元跌到0.48美元，跌幅97%，市值从4.7亿美元跌到2000万美元以下，主创团队大量流失。

2001年第二季度，网易被查出涉嫌会计造假。投资人担心亏掉血本，纷纷找丁磊要钱。就连在1999年就投资网易，后来投了腾讯、京东等巨头、有VC女王之称的徐新也说："网易是当时唯一让我愁得睡不着觉的公司。"

这个时刻，网易面临着灭顶之灾。第一，按照纳斯达克的规定，如果股价在30个交易日内低于1美元，公司就得退市。第二，2001年第二季度，网易被查出涉嫌会计造假，9月4日，股票还被暂停交易。行业专家当时分析称："被暂停交易只是开始，后面会有更多的丑闻。"大多数投资者都认为网易可能会被摘牌，风险很高。很多投资者害怕网易股票退市，所以就把网易的股票低价卖掉。此时美国散户对网易展开了集体诉讼，网易也开启了漫长的打官司之路。

30岁的丁磊从来没有遇到过这么大的压力，就想把网易卖掉甩开这个包袱，再另起炉灶，可是问了半天都没有人要。丁磊事后回忆说："2001年年初，我最迫切的愿望就是想把网易卖掉，但没人敢买。到了9月，想卖也卖不掉了。人生是个积累的过程，你总会跌倒。可即使跌倒了，你也要懂得抓一把沙子在手里。"丁磊只能决定全力做游戏。

2002年年初，网易准备推出网络游戏《大话西游2》，营销却是短板。徐新建议他去找段永平。那时的段永平在国内是"创业教父"一般的存在，是个营销大师，当年把小霸王游戏机做得风生水起。于是丁磊找到段永平请教营销之道。

这个时候，段永平已经处于"相妻教子"的半退休状态，百无聊赖之下，他想到了做投资。无意中，他在书中读到了巴菲特的理论。他说："我太太在美国，我去美国享受一家团聚的日子。我除了陪孩子以外，闲下来总得要有点儿事情做，那个时候就想到做投资，但是心里还是没底，因为以前从来没碰过，无意中我发现了一本写巴菲特的书，看了他的投资理念，这是一本我看得懂的书，他的理念让我有信心去做这件事。"

段永平成了巴菲特的信徒。他坚信"买一家公司的股票就等于在买这家公司，买它的一部分或者全部"。

丁磊的求教，让段永平找到了投资的机会。游戏出身的段永平认为中国的游戏市场大有可为，但是网易的前景很难判断。他将从巴菲特身上学到的理论，用来考察网易：

第一，雇用了一堆人来玩网易的游戏，这些人都反馈网易的游戏很不错。

第二，专门去咨询了美国的律师，评估网易官司的风险。得到的结果是，即便网易败诉，也赔不了几个钱。

第三，有一个最大的风险，就是退市。公司上市是为了融资扩张，所以网易的现金流是至关重要的。段永平发现网易当时的每股现金有两美元，而股价还不到一美元。即便退市，段永平照样能收回投资本金。

2002 年 4 月，段永平决定重仓网易。自有资金 100 万美元，加上借来 100 万美元，买了网易 152 万股股票，后来又多次逆势加仓到 205 万股，持有的股份占网易总股本的 6.8%，一度成为网易的第二大股东，持仓成本接近每股一美元。

果然，网易依靠网络游戏起死回生，股票价格开始强劲反弹。伴随着业绩的大幅增长，股价一路飙升，经过四次拆股，复权以后近 100 美元。九年之后，段永平卖出网易股票时，盈利两亿美元以上，获得 100 倍以上收益。

段永平投资网易，就是一个"滚雪球"的典型案例。

（一）买股票就是买公司

巴菲特认为，投公司，首先就是要理解这个公司生意的本质是什么，如何获得收入，如何赚钱，竞争对手是谁，市场空间有多大。

段永平认为，网易的生意是好生意，公司也很有前景，即便退市，也不影响这家公司继续发展。谈到网易的这笔投资，段永平说："虽然无法预测网易做网游一定能挣多少钱，但是没有道理比我 1995 年做小霸王时还少。"

段永平跟丁磊直接接触过，大概率知道丁磊能不能把网络游戏做成。判断企业家个人素质比什么都重要。段永平在公开讲话中多次强调过企业家和公司文化的重要性，他后来买通用电气赚到钱很大的一个原因，就是欣赏通用电气的公司文化。

（二）安全边际是成功投资的保障

段永平在投资网易的过程中，把价值投资的安全边际理论运用到了极致。

第一，发现并利用股价被严重低估。网易当时每股价格不足一美元，却对应两美元多的公司现金流,是一家被市场严重低估的公司。它拥有 6000 万美元现金,并且其净资产为 6700 万美元,负债仅为 1400 万美元(其中银行贷款为 1000 万美元),账上有足够的现金用于发展业务,但市值只有 2000 万美元。网易当时的股价确实很便宜,但并不是表面意义上的便宜,而是清算价值的便宜,这是典型的深度价值投资。

段永平敢买网易,是因为他做过小霸王,在游戏市场成功过,所以他的认知领先于其他人。做股票研究或者做投资,关键要看懂生意的本质。在他看来,游戏最根本的东西实际上是在消费时间的同时获得快乐。网络游戏对大多数人来说,是性价比最高的获取简单快乐的办法。网游市场一旦开拓,边际效益无限大,边际成本几乎为零。

有人认为,段永平敢大量买入网易的股票在于他认识丁磊,基于与同丁磊的关系。但段永平不以为然,他说:"我认识的老板多了,如果我认识一个就买一个,那要买的东西就多了,最重要的是对企业花了足够的工夫,对公司、产品都有深刻了解。"

第二,聘请律师评估网易摘牌的概率。他虽然声称即使网易摘牌他也不担心,但其实已经提前做好了充分的准备。段永平说:"我认真研究了网易,发现它的股价在 0.8 美元的时候,公司还有每股两美元多的现金,当然面临一个官司,也可能被摘牌,这里面有些不确定性,这就需要多做一些咨询。就官司的问题,我咨询了一些法律界人士,问类似的官司最后可能的结果是什么,得到的结论是后果不会很严重,因为他们的错误不是特别离谱。很重要的是,这家公司在运营上没有大问题。做足功课后,我基本上把自己能动用的钱全部动用了,就去买它的股票。"

(三)市场先生是投资者的良师益友

在贪婪时恐惧,在恐惧时贪婪。段永平投资网易时正是互联网出现泡沫,正是大家最恐惧的时候,也是出手的最佳时机。持有的时间久也是他赚到大钱的重要原因之一。段永平持有网易股票九年，真正践行了"长期主义"。

（四）卖出股票的原则

段永平说："投机和投资的很大区别就是——其一，你是在动用大笔钱还是小笔钱；其二，当股价下跌时，投机和投资的态度正好相反，投资者看到股价下跌，往往很开心，因为还有机会可以买到更便宜的东西，而投机者想的是这家公司肯定是出什么事情了，赶紧走人。"

"所以，我想问巴菲特一个问题，如果他买的股票一路买一路涨怎么办？"段永平说，如果买的股票下跌的话，还可以找到钱再去买，但后来它涨上去了，这样你就买不到更多了。他甚至认为投资的时候买到底部是一个很糟糕的事情。"你买到底部后，股价就会一路买一路涨，这样你就买不到最多的量。"真正的价值投资者，其实是希望在允许的价值波动范围内，在股票一路下跌的时候一路跟着买进，也只有这样才能拿到更多、更便宜的筹码。

第三节　但斌投资贵州茅台：坚定持有的背后

在国内投资圈里，有一个人靠着看多贵州茅台成为顶级投资人。他，就是但斌。

但斌，1967年出生于浙江东阳。与很多私募"大咖"的学历背景不同，但斌读的是河南大学体育专业，主修体育理论，大学毕业后在化肥厂供水车间当了一名钳工。1992年到深圳后，才开始接触股票投资。之后任君安证券与国泰君安证券《财经快讯》主笔、大鹏证券资产管理管理公司首席投资经理。在此期间他的投资方法是技术分析，遭遇了四次重大挫折后，逐渐转变为价值投资。

但斌最成功的两笔投资是对腾讯和茅台的投资，尤其是茅台，所以但斌被誉为"茅台铁粉"。他在微博上一直唱多茅台，有7000多条微博是关于茅台的，还将茅台作为礼物送给巴菲特，甚至在公开场合表示"如果有资金，想将茅台整个买下来"。

2001年，贵州茅台上市。这一年贵州茅台净利润3.4亿元，行业的龙头还是五粮液。

2003年，但斌以23元的价格买入茅台后，就开始长期投资茅台。

2004年，但斌创立私募公司东方港湾，因在低位买入万科、贵州茅台和招商银行等"白马股"，在那个很多人迷信庄股和投机的年代，他开始成为价值投资的代表人物。2007年2月，东方港湾累计净值增长率达到86.7%，成为行业翘楚。

其成名代表作之一的东方港湾马拉松二号成立于2015年8月，因长期重仓茅台，2021年2月收益率高达315.03%，超额收益率达187%，远超同期沪深300指数44.61%。

2007年，但斌表示，茅台酒是"液体黄金"，茅台公司"任何人都会经营……但不是一个领导者就能决定企业的生死的。"

在2008年和2013年茅台分别下跌52.74%和38.6%时，东方港湾都一直没有卖出茅台，只在2015年股灾之年有过短暂的抽离。

2012年11月，白酒塑化剂事件发生，白酒类上市公司股价遭遇打压，当时号称典藏绩优股的贵州茅台遭遇疯狂抛售，股价在短时间暴跌。截至2013年1月末，贵州茅台股价已从2012年10月末的近250元/股跌至不足180元/股。但斌多次发文力挺茅台，他认为，被动承受的塑化剂事件，只会让中国白酒行业未来的路走得更加坚实。

2014年1月8日，贵州茅台最低跌至118元。期间，但斌和茅台高管面对面了解了塑化剂情况，得出结论：塑化剂"一定是个意外"。在茅台动态市盈率从 40 倍下降到 9.5 倍（静态 8.8 倍）的情况下，他认为这是市场赐予的机会，"我来钱就买"。

可到了 2015 年，当中小创大牛市崩盘之际，但斌则大举卖出股票避险，220 元卖掉大部分茅台股票，只留了 10% 仓位的茅台。股灾后，他在 260～280 元买回茅台头寸。对此，但斌的解释是为了避免基金清盘的风险。因为市场的非理性非常明显，茅台从 290 元跌至最低 166 元，跌幅最高 42.75%。

2017 年 5 月 21 日，茅台走出了 446.01 元/股的历史新高，微博大 V 杨剑鑫在微博上公开表示看空茅台。随后，上海砥俊资产管理中心总经理梁瑞安表示愿意和他打赌，如果 2018 年底贵州茅台不到 600 元/股，就捐出 50 万元给慈善机构。但斌立刻接棒称："我愿赌 1000 万，一亿也行！为慈善事业做贡献！"

得益于三季报净利润增长 60.3%，2017 年 10 月 26 日茅台上涨了 6.97%，收盘价达到 605.09 元，突破了 600 元大关，这也意味着但斌的一亿赌约提前赢了。而到了 2018 年年初，茅台股价已涨到 700 元/股。

在但斌看来，A 股"股王"贵州茅台代表中国价值发现的标杆企业。"一个企业如果能长期创造财富和创造价值，这对投资者和国家都是一个非常幸运的事。"他的团队在研究消费品的过程中，发现品牌比渠道重要，一个品牌建立以后，想击垮它或者让它有一个很大的改变非常难，而贵州茅台恰恰在品牌方面建立起了非常深的"护城河"。

在茅台股价一路高歌猛进，突破 600 元、700 元后，市场上开始对茅台的股价出现很多质疑的声音，很多人觉得茅台的股价存在泡沫。对此但斌笑称："茅台是属于酱香型白酒，没有泡沫；有泡沫的那叫啤酒！"他甚至觉得 700 元的茅台一点儿都不贵。他的逻辑是，茅台的股价是靠盈利来推动的而不是靠概念，酒文化的存在、茅台的地理优势和酒的特性使得就算过了高速成长期，茅台至少也会像可乐、帝亚吉欧，或者就像"高等级债券"一样吸引稳健的长期投资人。

但斌在 2018—2020 年预言茅台股价会突破 500、1000、1500 和 2000

元大关，之后这些还都被一一验证了。他一直坚称，对于茅台只会买入不会卖出，越跌越买。

不过，但斌关注的是未来200年，贵州茅台还有没有可能有更好的价值表现。

但斌分析，以贵州茅台为代表的龙头企业的确存在天花板，但是价格没有天花板。在全世界最古老的16家公司里，有一家企业生命周期长达700年。但斌认为，龙头白酒的商业模式存续200年的概率非常大。"如果贵州茅台每年仅以2%的速度提价，200年后销售6万吨酒就有2.8万亿元利润。贵州茅台还有一个非常可贵的地方，在于其产品从1951年至今按11%的年复利提价，在未来的200年里11%的复利可能有点儿多，如果选5%的复利增长来计算，200年后其利润达到4.669万亿元。"

因此，但斌宣称："茅台是酒中的黄金，送钱的活菩萨。"

2022年3月26日，但斌发文表示，没料到仓位和净值被媒体披露后引起如此大的反应，目前所持私募仓位在10%左右。但斌表示："经过2008年及白酒危机之后，我们在卖出原则里面加了一条'遇到系统性风险'也会考虑卖出暂避，今年以来乌克兰危机及之后的衍生风险是我们的聚焦点，当然也包括其他一些思考。"

在2022年3月27日上午转发的一条关于茅台建立电商直营渠道的微博中，但斌评论道："剩的仓位也就是龙头了，除非'累进制消费税'建议成为现实，颠覆公司的根本投资逻辑，否则从长期看安全边际还是很高的。当然，我认为出'累进制消费税'的概率比较低，更可能是行业的统一税率。"言下之意：贵州茅台目前是但斌的重点持仓。

2022年5月19日，但斌做了一场关于东方港湾马拉松19号产品回顾与展望的路演。但斌称："我们今年的操作到目前为止，还算是躲过了2、3、4几个月的市场大跌。我们现在保持了10%的仓位，是以龙头白酒为主的这样一个仓位，来渡过市场危机。"

必须看到，与个人投资者遇到回撤时可以硬扛不同，基金公司面临更为现实而紧迫的业绩压力，在遇到较大回撤时必须面对长期持有和业绩之间可能存在错位的状况，但不可否认，但斌所坚持投资和持有贵州茅台是价值投资的代表性案例。

2001年7月31日，贵州茅台登陆上交所，发行价仅为31.39元/股。后来的茅台，最高站上了2600元大关，而最大的推手莫过于茅台优质的业绩。截至2021年的20年间，茅台股价涨了50.91倍，复合年化收益率为21.09%。"股神"巴菲特复合年化收益率为22%。

但斌的"滚雪球"哲学，值得关注和学习。

（一）正确估值对于投资具有决定性意义

但斌认为，应该客观理性分析市盈率问题，不是市盈率高了就不能投资。"当年我买茅台的时候，2007年市盈率是101倍；到了2012年、2013年，市盈率变成8.8倍了，市盈率损失90%，这是很残酷的事。但后来茅台为什么能创新高呢？因为它的净利润增长了近10倍。"

2018年年初，贵州茅台股价达到783元，创下历史新高。但斌表示："贵州茅台的企业特质比生产香烟的菲利普·莫里斯还好，而后者200多年了还能创新高。很少有企业能够长期提价，茅台在1951年一瓶酒1.28元的出厂价，2018年刚提价提到969元。在计划经济时代，它的提价每年增长5.6%；在市场经济情况下，在这次没有提价前是每年14.5%增长。茅台如果像菲利普·莫里斯一样提价200年甚至1000年，只要中国的白酒文化不变，茅台的价值不可想象。假如一个企业的存续周期是200年或1000年，如果产品的溢价是10%的200次方或1000次方，这个企业能提这么多次价格，那是非常值钱的。"

（二）"护城河"是成功投资的法宝

但斌认为，贵州茅台有着天然的"护城河"与行业壁垒，这是世界上独一无二的,这是他投资贵州茅台的重要原因。但斌在一次公开场合的演讲中这样说:"茅台这家企业,它有着天然的'护城河'与行业壁垒,赤水河仅此一条,茅台镇的酒独此一家;它独立经营,拥有自主定价权;它的产品让人'上瘾',而且存放简单,愈久弥香;这家企业会伴随着人类的生命周期一直存续下去。"

但斌又说:"从目前来看,全世界范围内我还找不到第二家比茅台更完美的投资标的,所以茅台的股票在任何时候卖出都是错误的。如果有必要,在临终的时候我将写信给子孙后代,要求他们以后无论发生任何事,茅台的股票都不能卖。"

(三)只投商业模式简单的、看得懂的股票

巴菲特认为凡是投资的股票必须是自己了如指掌,并且是具有较好行业前景的企业。他曾经公开表示自己不了解科技股,因此不会投资科技股,甚至错过了亚马逊和谷歌,但也因为不投资自己无法掌握的股票,避免了2001年互联网泡沫破裂的损失。

但斌把巴菲特的这一理念用到了贵州茅台的投资上。他十分看好贵州茅台的商业模式,"茅台酿酒成本低利润高,毛利率为90%～92%,而且这种商业模式无法复制"。

但斌说:"关于茅台的天花板,尤其是提价的天花板,目前我认为没有。在之前的专访中我就说过,他的商业模式很简单,毛利率90%,净利率50%,由水和粮食酿造。茅台镇整个镇,大概能生产30万吨酒,如果茅台在不收购小酒厂的情况下,它的极限产能是8万至10万吨,那也就是说这个数就是它的天花板,但提价天花板是没有的。"

"看得懂"是投资的前提和依据,但很多投资者在还没有做到"看得懂"的时候,就一个猛子扎进股市,并甘于接受巨大不确定性的命运的安排。

跋

2022年10月31日，一年多的时间，中国资本市场第一高价股贵州茅台的股价，从2021年2月18日的历史最高点2627.88元，骤然跌落至1333.00元，几乎"腰斩"。

不仅仅是贵州茅台，2022年以来，一大批商业模式优秀、护城河坚固、业绩持续高速增长的价值股也发生了价格的持续下跌，很多股票的价格不仅仅是"腰斩"，甚至是"膝盖斩""脚踝斩"。

股价的下跌，利润的回吐，让初入股市的投资者和很多号称"价值投资者"的人士，也开始质疑起价值投资是否真正有价值。市场中关于"价值投资已经不行了"的言论甚嚣尘上，"时间的玫瑰已经凋零"的论调充斥投资圈。一张把《价值》《时间的玫瑰》两本书扔在垃圾桶的图片在网上热传，耐人寻味。

投资是有风险的。但投资也是一件很简单的事，因为它的本质，就是做大概率正确的事情。"滚雪球"式的价值投资，就是在做大概率正确的事情。相比起那些无视基本面、只看技术面、完全按照交易策略去买卖，那些听小道消息就轻易买卖的操作，那些凭感觉就随意出入手的操作，那些追涨杀跌、短线投机的无脑交易，价值投资的胜率是远远胜出的。

以贵州茅台为例，如果从四年前的2018年10月30日，以509.02元/股的价格买入后一直持有，即使到了2021年2月18日2627.88的历史高位也没有卖出，一直下跌到1333.00元这一阶段性低点，股价的年均增长率依然达到了 27.21%。这个增长率是惊人的，足以给投资者带来丰厚的回报。

不仅仅是贵州茅台，以它为代表的基本面优秀、具有长期投资价值的众多"白马股"，比如五粮液、格力电器、美的集团、伊利股份、迈瑞医疗、长春高新、比亚迪、隆基股份……一家家具有长期投资价值的优秀上市公司，为与之长相厮守的投资者创造了巨大的收益。

中国股市流传的"七亏二平一盈"并非一句笑话，而是具有坚实统计数据支撑的事实。70% 的巨大的亏损面，其根源就在于不看基本面、快进快出的"非理性操作"。

失败的投资各有各的失败，成功的投资大抵相同。在波诡云谲的资本市场中，股价短期下跌是常态，股价腰斩也不可避免。但是，买入好行业、好价格的好股票并长期持有，直到价格反映出它的真实价值——永远是赢面最大的投资模式。这一切都意味着，成功的投资往往是这样的——在空间上，挑选价格合适的优秀股票；在时间上，选择与时间做朋友，做真正的价值投资、长期投资，最终实现财富的滚雪球。

本书就是要探讨这样几个元问题：投资什么、如何投资、投资多久。要注意，概念、理念、原则永远是第一位的，方法、技能、手段都是在前者的"道"之下的"术"。而本书试图将二者紧密结合起来，希望能给读者提供有益的参考。因水平有限，书中如有错漏、不妥之处，敬请读者朋友谅解，诚挚欢迎你们的批评指正。

在本书撰写过程中，众多投资大师的思想智慧、诸多投资实践者的得失感悟，给了作者很多启发。在此，向所有在投资实践中的勇士们、志士们致以崇高的敬意、谢意。你们勇毅前行的脚步，不断拓展着人类关于投资的认知边界；你们手中熊熊燃烧的火把，照亮了人类创造财富的漫漫征程。

谭丰华
2023 年 2 月 6 日